D1143447

Les couleurs de Rhône-Alpes

Ce livre est dû à l'initiative de la délégation Tourisme de la Chambre Régionale de Commerce et d'Industrie Rhône-Alpes.

Henri DUCRET,
Président-Délégué de la Chambre Régionale de Commerce et d'Industrie Rhône-Alpes,

en association avec :

Philibert BRAILLON
Président de la Chambre Régionale de Commerce et d'Industrie Rhône-Alpes,

et des Présidents des douze Chambres de Commerce et d'Industrie :

- Annie CHANUT, Nord-Isère,
- Roger BRICKA, Annecy et la Haute-Savoie,
- Jérémie CHATAIN, Saint-Etienne,
- Jacques ESTOUR, Valence et la Drôme,
- André FARGIER, Aubenas,
- Jean-Paul GASQUET, Villefranche-sur-Saône,
- Christian GAUDUEL, Grenoble,
- Victor JANODY, Ain,
- Yves LE GAILLARD, Roanne,
- Alain PERRIER, Chambéry et la Savoie,
- Henri VALENCONY, Annonay,
- Bruno VINCENT, Lyon.

© 1990 - Editions Glénat
B.P. 177, 38008 Grenoble cedex.
ISBN 2-7234-1264-4.
Tous droits réservés pour tous pays.
All rights reserved.

Préface

Bernard PIVOT

Textes

Paul DREYFUS

Photographies

Roberto NEUMILLER

Glénat

Préface

J'IGNORE LES RAISONS POLITIQUES OU économiques qui ont amené le pouvoir à rassembler huit départements sous l'appellation Rhône-Alpes. Je n'en vois pas en tout cas de plus impératives, de plus déterminantes, de plus naturelles, que des raisons gastronomiques. C'est à croire que la décision a été prise par un aréopage de cuisiniers, de sommeliers et de gourmets.

Rien n'unit mieux en effet les heureux habitants de la région Rhône-Alpes que les richesses de leurs terres et de leurs tables.

Il est vrai que l'alliance d'un fleuve et d'une montagne, la réunion de leurs produits et de leurs recettes, ne peut qu'inciter les chefs à l'imagination et les citoyens à l'appétit. Le Rhône et les Alpes ont réussi un miracle : le mariage de la carpe et du lapin...

Si l'on se mêle de dresser la liste de toutes les gourmandises que proposent l'Ain, l'Ardèche, la Drôme, l'Isère, la Loire, le Rhône, la Savoie et la Haute-Savoie, la tête vous tourne ! A raison de deux vins et de trois mets par repas, il faudrait combien de jours et de mois pour goûter à tant de bonheurs ? Bonheurs sur la langue qui sont aussi bonheurs de la langue, tant sont beaux et charmants les mots qui désignent produits et spécialités.

Ecoutez comme cela sonne bien : pierre dorée, fleurie, rigotte, chartreuse, roussette, rosette, quenelle, beaujolais, omble-chevalier, picodon, hermitage, cervelle de canut, ripaille... Que de poésie là-dedans ! Mais de la poésie qui vous tient au ventre...

Si j'étais professeur de géographie, c'est par les spécialités régionales et locales que j'enseignerais le relief et la démographie de la région Rhône-Alpes. Ici Lyon et son saucisson ; là le Bugey et son marc. Voyez la Bresse et ses poulets, le Gex et son bleu, le Forez et sa fourme, la Dombes et ses grenouilles, Montélimar et son nougat, Romans, Saint-Genis et leurs pognes, l'Ardèche et ses marrons, Grenoble et ses noix, Condrieu et son vin blanc, etc.

Même la religion y trouve son compte avec, en cave, Saint Véran, Saint Amour, Saint Péray et Saint Joseph et sur le plateau de fromages, Saint Félicien et Saint Marcellin, sans oublier ce par quoi j'aurais dû commencer : le jésus...

Et comme tout est dans tout et réciproquement, et que les dieux ont montré de la générosité envers les Rhônalpins, ne nous étonnons pas de rencontrer presque partout des mousserons, des truites, des grives, des écrevisses, des lièvres, des perdrix, des andouillettes, des morilles, des fromages de chèvre, des brioches et des tartes de toutes natures.

C'est alors que le génie de la tradition intervient et propose au gourmet de passage, qui en est ébahi et ravi, des plats qui, au même titre que "Andromaque", "Don Juan" ou "Le Rouge et le noir", sont d'immortels classiques : le fabuleux gratin dauphinois, le superbe gras-double à la lyonnaise, la fameuse entrecôte beaujolaise, l'éternelle fondue savoyarde, les savoureuses crêpes vonassiennes, la célèbre poularde demi-deuil, le fondant gâteau de foies blonds de volailles, l'incroyable tablier de sapeur, le très secret gratin de cardons, les somptueuses côtes rôties et la magnifique eau de vie de poire.

Vous voulez souffler un peu ? S'offrent à vous Evian, Badoit, et "Parot naturellement".

Mais il en est de la gastronomie comme de tous les arts : la tradition s'étiole et dépérit si des créateurs ayant maîtrisé les techniques anciennes ne viennent pas innover et donner aussi aux plaisirs de la table de nouvelles jouissances.

A cet égard, Rhône-Alpes est championne de France. Ce n'est pas moi qui le dis mais Gault et Millau qui ont répandu sur la région des toques comme s'il en pleuvait. Le ciel est pourtant resté clair puisqu'on y distingue les innombrables étoiles du Michelin. Bise, Blanc, Bocuse, Chapel, Cortembert, Etéocle, Gagnaire, Jacob, Lacombe, Million, Orsi, Pic, Point, Troisgros et Veyrat-Durebex forment une fastueuse brigade qui fait saliver aussi bien le pétrolier texan que le banquier genevois ou l'ingénieur japonais.

Quel que soit le plaisir qu'ils éprouveront à la table de ces maîtres ou dans des restaurants plus discrets où l'on sait aussi tourner les sauces, ils ne connaîtront quand même pas nos joies quotidiennes dans des cuisines de familles où, de mère en fille — il y a aussi des hommes qui s'y mettent — la gastronomie du Rhône et des Alpes se perpétue et embellit comme si de rien n'était.

Bernard Pivot

Rhône-Alpes diadème français

par Paul Dreyfus

LA RÉGION RHÔNE-ALPES EST LA PREMIÈRE après l'Ile-de-France — c'est-à-dire Paris et les sept départements qui l'entourent.

Nulle autre région n'offre autant de richesses naturelles jointes à autant de puissance économique. Si elle était un être humain, on dirait qu'elle possède à la fois la beauté et la vigueur. Si elle était un jardin, qu'elle est un éden. Si elle était un joyau, qu'elle est un diadème. Telle est bien l'expression qu'on a envie d'utiliser pour la caractériser : **Rhône-Alpes, diadème français.**

Ne perdons pas de vue toutefois une vérité première : si belle et si riche qu'elle soit, cette région n'est qu'une division administrative de la France. Division tellement arbitraire en vérité qu'on peut se poser une question : la région Rhône-Alpes existe-t-elle vraiment ?

En d'autres termes : cet étrange assemblage de départements a-t-il une unité ? Ce grand corps a-t-il une âme ?

Drôle de pot-au-feu

SURPRENANT PARADOXE que de s'interroger ainsi dès les premières lignes d'un ouvrage consacré à cette région. Mais si l'on en veut faire un portrait ressemblant, il ne suffit pas de la peindre avec des couleurs chatoyantes, il faut d'abord en dessiner les traits avec exactitude. Or une vérité s'impose à l'esprit dès qu'on observe les faits : l'entité Rhône-Alpes n'a jamais existé. Si elle a pris corps de nos jours à l'intérieur des limites d'une région, c'est depuis fort peu de temps et par la seule volonté du législateur.

Quand furent constituées en France, en 1960, les vingt et une "circonscriptions d'action régionale", qui allaient devenir les régions d'aujourd'hui, la délimitation des frontières de neuf d'entre elles suscita peu de discussions : l'Alsace, l'Aquitaine, l'Auvergne, la Bourgogne, la Bretagne, la Franche-Comté, le Limousin, la Lorraine, la Picardie possédaient déjà, sous l'Ancien Régime, une forte individualité. Chacune avait son histoire et sa culture, fruits des siècles écoulés.

D'autres régions, au contraire, furent créées artificiellement par l'agglutination de territoires disparates : ce fut le cas pour la région Rhône-Alpes, avec ses huit départements : l'Ain, l'Ardèche, la Drôme, l'Isère, la Loire, le Rhône, la Savoie et la Haute-Savoie. Certains d'entre eux avaient une parenté. Mais la plupart étaient des étrangers. Quelques-uns se souvenaient encore d'avoir été au Moyen Age des ennemis. Le village des Marches, près de Chambéry, nous rappelle, par son nom même, qu'à ses pieds était tracée la frontière du Dauphiné. Entre ces huit départements, les oppositions demeuraient si vives que le découpage régional fut âprement contesté. Grenoble, peu disposée à passer sous la coupe de Lyon, plaida pour qu'on fonde une "région Alpes" bordant la frontière italienne. Mais ni Chambéry, ni Annecy n'en voulaient ; ni Gap qui, du coup, fut rattachée à Marseille. Heureusement, ces querelles sont désormais oubliées...

Ainsi cuisina-t-on à Paris, on peut bien le dire aujourd'hui, une sorte de pot-au-feu du Sud-Est dont les légumes s'appellent Dauphiné, Savoie, Lyonnais, Forez, Vivarais, Bresse et Bugey. Les morceaux de plates-côtes ou de jarret de veau se nomment Annecy, Bourg, Chambéry, Grenoble, Lyon, Privas, Saint-Etienne.

L'os à moelle est sans doute Valréas, bizarrerie de la géographie administrative : cette ancienne judicature majeure des Etats du Pape, en Comtat venaissin, est demeurée enclavée dans le département de la Drôme...

Une mosaïque

VOILÀ DONC TRENTE ans qu'est née, avec toutes les régions de France, la région Rhône-Alpes ; en voilà dix-huit qu'elle possède une assemblée régionale et cinq qu'elle est élue au suffrage universel direct ; en voilà quatre que les régions sont devenues des collectivités territoriales de plein exercice. Si l'on se réfère à leur date de naissance, les régions françaises sont désormais des adultes dans la force de la maturité.

Pourtant, la région Rhône-Alpes n'a pas la puissance économique des "Laender" allemands. R.R.A. n'est pas R.F.A. ! Elle n'a pas la stature des grandes "regione" italiennes. Elle n'a pas la personnalité des "regiones" espagnoles. Elle n'est ni le Bade-Würtemberg, ni la Lombardie, ni la Catalogne, les trois régions européennes avec lesquelles elle a noué des liens privilégiés et signé solennellement des accords. Certes, Rhône-Alpes n'est pas moindre qu'elles. Elle est, tout simplement, différente. A elles quatre, elles constituent "les quatre moteurs de l'Europe".

Différente... c'est le mot qui vient d'abord à l'esprit quand on regarde la région Rhône-Alpes. Différente, elle l'est, par comparaison avec toutes les régions françaises aussi bien qu'avec toutes les régions européennes. Différente, elle l'est également en elle-même. A vrai dire, elle n'est qu'un tissu de différences, un amalgame de diversités. Si elle possède une unité, ce dont on peut douter, c'est celle d'une mosaïque. Partons donc à la découverte de la mosaïque rhônalpine.

Plus grande que la Suisse

VASTE RÉGION QUE celle-ci : 44 000 km², 8 % du territoire de la France. C'est plus que la superficie de la Suisse, de la Belgique, des Pays-Bas ou du Danemark.

Autant dire qu'il n'existe aucun endroit d'où l'on puisse la contempler dans son intégralité. Pour y parvenir, il faudrait louer un avion et s'élever très haut un jour où le ciel est complètement dégagé et l'air particulièrement clair. Cela arrive une fois ou deux par an, généralement après la pluie. Faute de carte d'embarquement assurée pour ce vol hors série, on peut toujours monter à Fourvière un jour de "grand beau", comme disent les montagnards. On peut, si l'on préfère, prendre à l'Alpe-d'Huez le téléphérique qui dépose les skieurs au sommet du pic Blanc (3 327 mètres). Du haut de la plus belle terrasse lyonnaise, on domine un merveilleux panorama qui s'étend des quais ocrés de la Saône et du Rhône à la barrière blanche des grandes Alpes. A l'inverse, depuis le superbe balcon de l'Oisans, on découvre alentour une grande partie des Alpes — non seulement françaises, mais italiennes et suisses — et, vers l'ouest, la masse sombre du Massif central. Pourtant, ni l'un, ni l'autre de ces deux étonnants miradors ne permet de voir Rhône-Alpes en son entier.

Ces deux ascensions, qui ne demandent aucun effort, incitent à une même réflexion : cette région, vue d'en haut, se révèle d'une extrême complexité. Lorsque, enfin redescendu, on la parcourt, cette certitude se renforce au gré des itinéraires : montagnes et plaines, plateaux et vallées, lacs et rivières, cultures et prairies, vergers et forêts, grandes villes et petits villages composent des paysages perpétuellement différents. D'autant qu'ils changent au fil des jours, suivant les caprices du ciel et la course des nuages.

Quelle unité a-t-elle cette région qui couvre tant et tant de microrégions, plus disparates que les pièces d'un manteau d'Arlequin ? On est parfois tenté de répondre brutalement : aucune. N'oublions pas toutefois qu'il existe deux ferments d'unité, si évidents qu'on risque de les oublier : la commune appartenance à la nation française et l'usage d'une langue unique. Les patois ont disparu, blessés par l'école de Jules Ferry, achevés par la radio et la télévision. Quant aux frontières provinciales, elles ne sont plus qu'un souvenir évanescent. Dans l'Europe de cette fin de siècle, Rhône-Alpes n'est plus qu'une partie de l'Hexagone. Comme toutes les autres régions françaises.

Un creuset de peuples

CETTE UNITÉ-LÀ, celle de la patrie et celle de la langue, est en définitive la seule qui constitue le ciment de la mosaïque rhônalpine. On a beau chercher, on ne trouve aucun autre lien commun : ni en géographie physique, ni en géographie humaine ; ni dans la riche histoire des institutions, des familles et des hommes ; ni dans l'agriculture, ni dans l'industrie ; ni dans la science, ni dans la recherche ; ni dans la personnalité des villes, ni dans l'âme des villages ; ni dans les goûts alimentaires, ni dans le choix des distractions ; ni dans la vie culturelle, ni dans la vie spirituelle ; ni, assurément, dans la vie politique. Non, aucun lien en vérité, sauf, selon Bernard Pivot, la gastronomie !

Dire qu'il y a dans la région Rhône-Alpes 5,3 millions d'habitants, soit 9,5 % de la population de la France métropolitaine, n'a d'intérêt que statistique. Il faudrait tenter d'expliquer qui sont ces habitants. Or, aucun recensement ne fournit toutes les clés nécessaires. Seule l'onomastique, la science des noms de famille, permet de connaître leur origine.

Ouvrez l'annuaire téléphonique de n'importe quel département de la région. Choisissez de préférence une ville moyenne. Cochez tous les noms de consonance italienne, portugaise, espagnole et maghrébine qui sont relativement nombreux. Savez-vous pour autant qui est immigré de fraîche date ? Qui vient d'être naturalisé ? Qui est citoyen français depuis plusieurs générations ? Certainement pas.

Cochez ensuite tous les noms d'origine arménienne, qui ne sont pas rares à Valence, à Vienne et dans l'agglomération lyonnaise : vous vous dites que ces Français-là sont les descendants des malheureux qui ont fui le génocide de 1917.

Cochez les noms vietnamiens, cambodgiens et laotiens : vous évoquez en même temps les drames récents de l'Indochine ; les noms polonais, tchèques, roumains, yougoslaves ou russes : vous songez aux vicissitudes politiques de ces pays ; les noms sud-américains : il y a beaucoup de chance pour qu'il s'agisse de Chiliens ou de Cubains. N'oubliez pas de cocher les noms grecs, libanais, turcs, iraniens...

Quand vous en avez terminé, considérez les noms d'origine française qui sont, tout de même, la très grande majorité. De nouvelles difficultés vous attendent. A côté de noms du terroir qui désignent, à coup sûr, des Savoyards, des Dauphinois, des Arvernes, que de noms typiques d'autres provinces françaises ! Ce sont ceux d'hommes et de femmes qui, au cours des siècles, sont venus s'installer dans la région, ceux que les guerres chassèrent d'autres villes françaises mais ceux aussi qu'attira ici la forte croissance économique, ou la qualité de la vie, ou les yeux d'une jolie fille... Ce tri achevé, il reste quelques noms qui n'entrent dans aucune de ces catégories : ce sont ceux des lointains descendants des envahisseurs du Moyen Age, dont certains se sédentarisèrent. On peut imaginer qu'il y eut des Burgondes, des Vandales, des Quades, des Alains, des Wisigoths, des Sarrasins... Enfin, si l'on cherche bien, on parvient à isoler quelques noms d'origine gauloise. Ils ne sont pas nombreux, ni parmi les noms de famille, ni parmi les noms de lieu. Ce passé-là est, presque partout, effacé. On ne rencontre plus guère d'Astérix ni d'Obélix.

Bref, cette petite expérience terminée, vous ne constatez pas seulement que Rhône-Alpes est une région de forte immigration. Vous vous demandez si sa population, comme celle des Etats-Unis, n'est pas un "melting-pot", un creuset de peuples divers.

Montagnes et plaines

CETTE VARIÉTÉ DU peuplement de Rhône-Alpes n'est rien à côté de sa diversité géographique. Apparemment, la région est toute simple. Puisqu'elle possède un nom double, elle peut être divisée en deux parties : les Alpes, à l'est ; la Rhodanie, à l'ouest. Monsieur de La Palisse en eut dit autant ! Mais c'est une vue si schématique de la réalité qu'elle en est presque caricaturale. D'autant qu'une partie du Jura appartient aussi à la région Rhône-Alpes. Et un morceau non négligeable du Massif central...

Ces Alpes, qui s'étendent sur près du tiers de la région, ne sont qu'une partie des Alpes françaises, qui vont mourir dans la Méditerranée, du côté de Menton. Et ces Alpes françaises ne sont elles-mêmes qu'une partie de l'Arc alpin, qui se déploie non seulement tout au long de l'Italie du Nord mais aussi à travers la Suisse presque entière, l'extrême sud de l'Allemagne bavaroise, la quasi-totalité de l'Autriche et une large fraction de la Yougoslavie dinarique.

Rhône-Alpes ne possède qu'un morceau de l'ensemble : Alpes de Savoie, couronnées par le massif du Mont-Blanc ; Alpes du Dauphiné, dominées par le massif de l'Oisans. Ce sont les deux plus beaux joyaux parmi la vingtaine qui, de la Chartreuse au Chablais, de la Vanoise au Vercors et des Bauges au mont Gerbier de Jonc, constituent le somptueux diadème.

De la Rhodanie également, la région ne possède qu'un morceau : il commence au nord, près du déversoir, où le fleuve-Dieu sort du lac Léman et de la "République de Genève", pour s'achever au sud, là où commence le fleuve-Roi chanté par Mistral.

Première constatation, si indiscutable qu'on la passe souvent sous silence : dans cette région, les plaines sont rares. Celles qui existent sont le plus souvent étroites ; elles s'étendent sur les deux rives du Rhône, au fond des vallées alpines et sur les piémonts que dominent les Préalpes. Qu'on n'aille pas comparer surtout ces modestes platitudes, comme le Forez ou la Dombes, aux immensités fertiles de la Beauce ou de la Flandre, dont les champs de blé alternent avec les champs de betteraves. Ce sont des cultures qu'on pratique peu en Rhône-Alpes. Les agriculteurs y sont de plus en plus des spécialistes : ils produisent des pêches, des cerises, des fraises, des framboises, des noix ; ils élèvent des poules, des poulets, des pintades ; ils ont des vaches et font du fromage ; ils possèdent des vignes et font du vin ; ils s'étaient mis au tournesol et au maïs, ils s'intéressent aujourd'hui au soja. Tout change à notre époque mais rien n'a changé plus vite que ce qui semblait immuable : la condition paysanne. Même si elle reste rude et soumise à de nombreux aléas. Le plus imprévu de tous, après la pluie et le beau temps, demeure... la fixation des prix agricoles par les planificateurs européens de Bruxelles.

Le grand carrefour de l'Europe

LA RARETÉ DES PLAINES a entraîné une autre conséquence : elle a rendu difficile la construction d'un réseau de voies de communication modernes.

C'est une chance qu'on ait pu trouver à vingt kilomètres à l'est de Lyon tout l'espace nécessaire pour créer un aéroport international qui est devenu en peu d'années la plaque tournante de la région. De ses pistes partent quotidiennement des vols à destination de toutes les grandes villes françaises et européennes, des principales villes du Maghreb et d'un certain nombre de métropoles à travers le monde — dont New York sans escale. Huit autres aéroports complètent l'importante infrastructure aérienne de Rhône-Alpes.

Avec un millier de kilomètres d'autoroutes en service, la région fait bonne figure sur le plan européen. Si "l'Autoroute du Soleil", dans la vallée du Rhône, n'a pas posé de problèmes trop délicats aux ingénieurs des Ponts et Chaussées, il n'en a pas été de même pour les autoroutes qui rayonnent de Lyon vers Genève, vers Chambéry et Grenoble, vers Saint-Etienne et Clermont-Ferrand. En particulier la section Bourg-Genève, baptisée "l'autoroute des Titans". Il a fallu construire partout de nombreux ouvrages d'art. A commencer par les deux plus importants, antérieurs à l'achèvement du maillage autoroutier : le tunnel routier du Fréjus (12,9 kilomètres), au fond de la Maurienne, et le tunnel routier sous le mont Blanc (11,6 kilomètres), au bout de l'Autoroute Blanche. Le réseau existant va être bientôt complété par l'autoroute Grenoble-Valence, en voie d'achèvement, et par l'autoroute Aix-en-Provence / Grenoble, déjà en service jusqu'à Sisteron. Ces deux grands axes vont rapprocher considérablement l'Europe du Nord de la Côte d'Azur, des plages du Languedoc-Roussillon et de la Costa Brava. Mais, avant tout, de la région Rhône-Alpes, qui accueille déjà chaque année quelque dix millions de visiteurs, c'est-à-dire deux fois sa population !

L'autre bouleversement est celui du TGV, qui a mis Lyon à deux heures de Paris. C'est quasiment la banlieue. Entendez que Paris est devenue la banlieue de Lyon ! C'est du moins ce qu'affirment les "gônes" du côté de la Croix-Rousse, où l'on ne manque pas d'humour. Toutes les grandes villes de la région sont aujourd'hui à trois heures ou un peu plus de Paris. Le contournement ferroviaire de Lyon par l'est, avec la création d'une gare TGV à l'aéroport de Satolas, va achever dans la région, avant les jeux Olympiques d'Albertville et de la Savoie en février 1992, ce qu'on peut bien appeler la révolution du Train à Grande Vitesse. Parcourue par ces flèches orange lancées à 270 kilomètres/heure, la France devient une seule et vaste agglomération. Les instituteurs de Rhône-Alpes l'ont bien compris, qui emmènent aujourd'hui leurs élèves visiter, dans la journée, la Cité des Sciences de La Villette ou le musée du Louvre. Demain, le TGV gagnera la Suisse, l'Espagne, l'Allemagne, l'Italie. Turin sera à une heure et demie de Lyon.

Il reste à achever une dernière infrastructure : la liaison Rhin-Rhône. Des ports de Marseille et de Fos-sur-Mer jusqu'au cours inférieur de la Saône en Bourgogne, puis, au-delà, par un canal à grand gabarit à travers la Franche-Comté, les travaux sont très avancés. Avant la fin du siècle, on peut espérer que les grandes péniches remonteront enfin jusqu'en Alsace à la rencontre de leurs sœurs qui voguent depuis longtemps sur le Rhin, le Main, le Neckar et le Danube.

Les cinq Seigneurs

POURTANT, SI L'ON veut connaître la région, ce n'est ni en avion, ni en TGV, ni par autoroute qu'il faut la visiter. Ni même en péniche ! Ces quatre moyens de transport permettent de traverser le Sud-Est ou d'y accéder, non point de découvrir ses véritables richesses.

Celles qu'a multipliées la Nature ne sont pas les moins étonnantes. Par l'extraordinaire beauté de ses sites, ajoutée à l'incroyable variété de ses paysages, la région Rhône-Alpes pourrait assurément se vanter d'être la première de France. Ce ne serait pas immodeste, c'est la simple évidence. Et ce pourrait même être son label.

Variété des vallées qui permettent de circuler aisément à travers les Alpes, mais aussi le Vivarais et le Jura, jusqu'au cœur même des massifs apparemment les mieux verrouillés ; variété des couleurs — d'où le titre de ce livre — au fil des saisons, des floraisons et des

récoltes, au gré des expositions à ''l'adret'' ensoleillé ou à ''l'ubac'' ombreux ; variété des cultures, des alpages, des forêts...
Beauté des cimes et des pentes enneigées, mais aussi des dents et des parois granitiques, des sommets et des falaises calcaires ; beauté des grands lacs naturels et des vastes réservoirs des barrages, mais aussi des petits lacs d'altitude qui ressemblent de loin à des yeux bleus ou verts ; beauté des plateaux balayés par le vent ; beauté des belvédères innombrables au coude d'une route, au flanc d'une colline ou au sommet d'un mont ; beauté des matins d'été bruissant de cent sonnailles lointaines et beauté des nuits d'été cloutées de milliers d'étoiles si brillantes et si proches...
Les seigneurs furent nombreux dans le Sud-Est français jusqu'à l'époque où Richelieu décida de détruire la féodalité. D'innombrables châteaux, certains en ruines, d'autres toujours debout, en témoignent encore aujourd'hui.
Mais les vrais seigneurs à notre époque sont des sites. Cinq d'entre eux sont les princes de Rhône-Alpes :
— le ''Seigneur Mont-Blanc'', un soir d'été rose et mauve ;
— le ''Seigneur Rhône'', alangui un après-midi d'hiver ;
— le ''Seigneur Léman'', quand le lac s'éveille un matin de printemps ;
— le ''Seigneur Lente'', quand cette grande forêt se pare des ors et des mordorés de l'automne ;
— le ''Seigneur Mont-Pilat'', majestueux et accueillant en toutes saisons.
La région Rhône-Alpes, pour la bien connaître, il faudrait la parcourir quatre fois. Car elle est belle tout au long des quatre saisons.
Chacune des quatre a ses prestiges et ses charmes. Chacune joue sur toutes les teintes et toutes les nuances du spectre lumineux. Chacune est joie des yeux éternellement renouvelée.

Le juste milieu

AUTRE PARTICULArité de la région Rhône-Alpes : on y trouve juxtaposés tous les climats de l'Europe, du scandinave au méditerranéen. Aimez-vous en hiver le silence des forêts norvégiennes sous leur manteau immaculé ? Allez en Vercors, dans le Jura ou sur les plateaux ardéchois. Souhaitez-vous au printemps prendre un petit air de Provence ? Allez dans le Sud de l'Ardèche ou de la Drôme. Voulez-vous en été trouver un soleil aussi chaud qu'en Espagne ou en Italie ? Allez dans le Trièves ou dans les Baronnies.
Le Midi commence à Valence, affirment les panneaux indicateurs à l'entrée de cette ville. C'est là que passe en effet le quarante-cinquième parallèle à égale distance du Pôle Nord et de l'équateur, c'est pourquoi on le considère comme la ligne de démarcation entre l'Europe du Septentrion et les pays méridionaux.
Les géographes ont tracé avec précision la frontière entre les Alpes du Nord et les Alpes du Sud : elle passe par le col de Lus-la-Croix-Haute, le col de Rousset, le col Bayard. Au-delà, sur les pentes orientées vers Gap, apparaissent les premiers annonciateurs de la végétation méditerranéenne : la lavande, le thym, le romarin, le genévrier, le chêne kermès.
Cette séparation, si nette dans le règne végétal, on la retrouve dans tout ce que l'homme a construit ici depuis des générations : les fermes drômoises sont déjà des mas avec leurs toits de tuiles rondes, leur terrasse exposée au midi et leur dos tourné au mistral ; les fermes savoyardes avec leurs murs épais, leurs toits en pente, leurs ouvertures étroites sont faites pour résister au froid et supporter les longs hivers.
Cette même distinction se retrouve dans les villes : Annecy et Chambéry avec leurs arcades, le vieux Grenoble avec ses rues tortes, Saint-Etienne avec ses immeubles serrés les uns contre les autres pour se protéger de la ''burle'' sont des cités du Nord. Valence, Montélimar, Aubenas, Privas, avec leurs placettes et leurs mails, leurs terrasses et leurs jardins, leurs teintes d'ocre et de miel, sont des cités du Midi. Au milieu, est Lyon, qui n'est de nulle part car elle est de partout : du Nord au Midi, du soleil vif et des ciels pastellisés, du Rhône et de la Saône, des Gaules et de Rome, de France et d'Europe et du monde...

Gauloise, romaine et chrétienne

ON VIENT, À PROPOS de Lyon, de parler des Gaules. Pourquoi ce pluriel qu'on retrouve dans le titre de l'archevêque, Primat des Gaules ? Parce qu'elles étaient au nombre de deux : la ''Gaule en braies'', c'est-à-dire la Gaule en pantalons, encore appelée la ''Province'', qui n'était autre que la Narbonnaise et la ''Gaule chevelue'', ainsi nommée à cause de ses épaisses forêts. Cette Gaule-là était elle-même divisée en trois provinces : l'Aquitaine, la Belgique — qui incluait la Bourgogne — et la Celtique ou Lyonnaise qui s'étendait jusqu'en Bretagne.
Comme ils paraissent lointains ces souvenirs ! Pourtant, ils ont une importance primordiale : c'est à ce moment-là que tout commence ; que commence, en tout cas,

l'histoire écrite. Or, dès cette époque, on constate que ce qui deviendra la région Rhône-Alpes est à cheval sur quatre pays différents : ceux que peuplent des tribus aussi diverses que les Allobroges, premiers habitants des Alpes, les Voconces, ancêtres des Drômois, les Séquanes, qui vivaient en Bourgogne et les Arvernes, installés dans le Massif central, patrie du plus célèbre d'entre eux : Vercingétorix. A la croisée des chemins de toutes les Gaules, Lyon, qui s'appelle encore Lugdunum, est déjà l'un des grands carrefours de l'Europe.

Quand on s'interroge aujourd'hui sur ce qui fait le ciment de la région Rhône-Alpes, on se prend à penser : à part la nation française et la langue française, déjà citées, la seule graine d'unité appartient à une lointaine histoire puisqu'elle a été semée, dans le sillage des légions de César, par les fonctionnaires de la Rome impériale et les premiers missionnaires du christianisme. Avant d'être Rhônalpins, nous sommes Gallo-Romains !

Pas à pas vers l'unité française

A TRAVERS TOUT LE Sud-Est français, cette civilisation gallo-romaine a multiplié d'admirables témoignages d'un art proche de la perfection : temples comme celui de Vienne, théâtres comme ceux de Fourvière et de Vienne, arènes comme à la Croix-Rousse, thermes comme à Aix-les-Bains, statues comme à Aoste, mosaïques comme à Die, dallages et pavements de voies romaines, portes monumentales jusque dans l'Oisans, ponts encore debout, aqueducs toujours audacieux, amphores encore pleines, vases admirables, verres irisés ravissants et fragiles.

Or voici qu'une période vide commence peu à peu avec la décadence de l'Empire. "Rome n'est plus dans Rome" : vers 390, Théodose, à la fin de son règne, a transféré sa capitale en Arles.

Entre la première apparition, sur notre sol, des tribus germaniques au début du Vᵉ siècle et les "Rezzous" des Sarrasins à l'aube du VIIIᵉ, il y a dans notre histoire un vide de trois cents ans. Cette période, dite "des grandes invasions", est plus marquée par les destructions que par les constructions, par la décomposition que par la création...

La décadence dure jusqu'en 724-725, années où les Musulmans, trouvant devant eux l'irrésolution et la faiblesse, remontent, l'épée et la torche au poing, la vallée du Rhône en multipliant partout le pillage et la ruine. Ils parviennent ainsi jusqu'à Autun. Il va falloir sept ans encore avant que ne soit donné par Charles Martel, le 17 octobre 732, le coup d'arrêt de Moussais-la-Bataille, à vingt kilomètres de Poitiers. Dès lors, les Sarrasins battent en retraite partout, y compris dans la vallée du Rhône, pour se replier sur la région de Narbonne.

L'autre date importante pour la région est celle du partage de l'empire de Charlemagne après la signature en 843 du traité de Verdun entre les trois fils de Louis le Pieux.

La région échoit à Lothaire et devient donc partie de la vaste Lotharingie qui s'étend depuis les rivages de la mer du Nord jusqu'aux Etats de l'Eglise.

A l'intérieur de cet immense royaume sans réelle unité apparaissent, au début du XIᵉ siècle, entre le grand Fleuve et la Montagne, deux familles particulièrement ambitieuses : celle des Comtes de Savoie qui vont se tailler un grand domaine sur les deux versants des Alpes et celle des Comtes d'Albon qui, partis des bords du Rhône au sud de Vienne, vont rassembler peu à peu sous leur autorité toutes les terres qui s'étendent jusqu'aux massifs intérieurs. Deux volontés aussi conquérantes, à proximité l'une de l'autre, pouvaient-elles ne pas être source de conflits ? Entre la Maison de Savoie et les Dauphins, les guerres vont durer des années et l'inimitié des siècles.

Tout change soudain en 1349. Le dauphin Humbert II vend son royaume à la France et se retire au couvent des Dominicains de Lyon. Le traité, pudiquement baptisé "transport", stipule que le fils aîné du Roi de France portera désormais le titre de Dauphin. Il n'y manquera jamais jusqu'à la fin de la monarchie.

Cependant, aujourd'hui encore, nul ne sait avec certitude pourquoi le souverain qui régnait à Grenoble au Moyen Age était affublé du nom de ce cétacé ! Est-ce pour avoir admiré ses gracieuses évolutions autour de sa nef quand, avec les Croisés, il voguait vers Jérusalem ?

Les Comtes de Forez vont attendre près de deux siècles encore — 1531 — pour passer à la couronne de France. Pour le Lyonnais, cela s'est fait dès 1312, après que le roi Louis X le Hutin se fut emparé de leur ville. Et cela advint bien avant pour le Sud du Vivarais, devenu français dès 1271.

Les habitants de la Bresse et du Bugey vont tarder beaucoup plus. Ils ne sont annexés qu'en 1601. Encore la Dombes reste-t-elle curieusement une enclave impériale sans statut défini à l'intérieur des terres françaises.

Les derniers à devenir français — mais ils allaient le devenir passionnément — furent les Savoyards. Ils attendirent 1860 et il fallut un plébiscite. Ce fut en vérité un raz-de-marée : sur 130 839 électeurs, il y eut 130 533 oui contre 235 non et une poignée de bulletins nuls.

La région Rhône-Alpes est donc constituée de territoires qui possèdent chacun leur propre histoire. A eux tous, ils ont mis près de six siècles (1271-1860) pour devenir la France.

"Bonjour, Très Saint Père"

UN AUTRE ASPECT de l'Histoire qu'on oublie souvent est la relation entre Rhône-Alpes et la papauté.

Entre 1309 et 1376, sept papes résident en Avignon. Ils ne se contentent pas de régner, comme ils peuvent, sur une partie de la chrétienté déchirée. Ils bâtissent leur palais. Ils entretiennent des relations avec leurs voisins, à commencer par le dauphin Humbert II, le comte de Savoie, les archevêques et les évêques de la région.

Le premier de ces papes d'Avignon, Clément V, ancien archevêque de Bordeaux, a été couronné à Lyon en 1305. Son successeur, Jacques Duèze, originaire de Cahors, est élu en 1316 au terme d'un long conclave mouvementé qui se tint en l'église Saint-Bonaventure.

C'est à Lyon encore qu'ont été organisés deux conciles œcuméniques : en 1245 pour jeter l'interdit sur l'empereur Frédéric II et en 1274 pour unir les Eglises romaine et grecque.

Vienne aussi a eu son concile en 1311, au début de la papauté avignonnaise.

Grenoble, de son côté, a reçu deux papes au cours de l'Histoire : Pie VI en juillet 1799 qui, arrêté à Rome sur l'ordre du Directoire, va mourir à Valence en août, au terme d'un long et épuisant périple à travers le Dauphiné ; Pie VII en 1809, qui séjourna dans la ville du 21 juillet au 2 août au retour de Paris où Napoléon l'avait fait mander pour le sacrer empereur. A l'aller, le souverain pontife était passé par Chambéry.

Sans doute faudrait-il ajouter à cette liste Angelo Roncalli, futur Jean XXIII, et le Pape Jean-Paul II, désireux l'un et l'autre de visiter quelques-uns des hauts lieux spirituels qui ne manquent pas dans la région Rhône-Alpes : basilique de Fourvière, église et presbytère d'Ars, sanctuaire de La Salette, Visitation d'Annecy, bourgade de Châtillon-sur-Chalaronne, patrie de saint Vincent de Paul, village de La Louvesc, tombeau de saint François-Régis.

Lyon, entre autres caractéristiques, est une ville mystique, une cité mariale, une ville missionnaire qui n'a jamais oublié son premier évêque, saint Irénée, ni ses premiers martyrs : saint Pothin, sainte Blandine et leurs compagnons.

Les frères déchirés

QU'ON N'AILLE PAS croire cependant que la région Rhône-Alpes ait unanimement juré fidélité au christianisme romain. Ses habitants sont partagés spirituellement comme ils le sont politiquement. Les guerres de Religion ont laissé ici des cicatrices plus importantes qu'en beaucoup d'autres régions de France. Après quatre siècles, elles ne sont pas encore entièrement effacées.

La Réforme connut dans le Sud-Est une éclosion particulièrement précoce. Un des premiers prédicateurs des "idées nouvelles", comme on disait à l'époque, fut Guillaume Farel qui était originaire de Gap. Dès 1522, il commença à répandre dans sa ville les quatre-vingt-quinze "thèses" affichées cinq ans plus tôt par Luther sur la porte de la chapelle du château de Wittemberg. Du foyer révisionniste gapençais, la contestation s'étendit bientôt à tout le sud du Dauphiné, d'où elle gagna la région entière à travers le Champsaur et le Trièves.

Farel trouva rapidement un appui en la personne d'un moine cistercien, Pierre de Sébiville, qui s'était fixé dans la capitale du Dauphiné où il avait revêtu la bure des Franciscains ; mais il fut écœuré par les querelles intérieures dont il était le témoin. Brillant orateur, il commença à répandre avec succès les idées du religieux augustin de Thuringe. Comme beaucoup, il ne le connaissait pas personnellement. Mais il s'était lié d'amitié avec les premiers de ses disciples à Zurich et à Genève.

Dès le premier quart du XVIe siècle, la Réforme se répand donc, par la prédication, à travers tout le Sud-Est : la contestation est particulièrement vive dans la région de Grenoble — La Mure, La Motte-d'Aveillans ; à Lyon, avec Aimé Maigret, un Dominicain en rupture avec son couvent ; à Valence, où l'évêque, Mgr Jean de Montluc, favorise ouvertement les protestants.

C'est dans sa bonne ville que le drame éclate en avril 1562. A l'annonce du massacre de Wassy, une bourgade de la Haute-Marne, où cinquante réformés ont été massacrés par les soldats de François de Guise, les protestants prennent les armes. Ils pendent à un balcon de la ville le lieutenant-général de la province, la Motte-Gondrin, et courent chez le baron des Adrets qu'ils proclament leur chef. En quelques heures, il se trouve à la tête d'une armée de huit mille hommes.

Alors commencent ces guerres de Religion, qui vont

durer vingt-huit ans, laisser partout dans la région une longue traînée de sang et y multiplier les destructions : la primatiale Saint-Jean à Lyon, la cathédrale Notre-Dame et la collégiale Saint-André à Grenoble, la cathédrale Saint-Maurice à Vienne, l'abbaye de Saint-Antoine, des églises vénérables du Vivarais et du Forez en conservent, aujourd'hui encore, de nombreuses mutilations.

Ici naquit la Révolution française

DE MÊME QU'ON pourrait consacrer un livre aux guerres de Religion dans la région, on pourrait écrire longuement sur la Révolution française en Rhône-Alpes. Contentons-nous simplement de rappeler quelques faits importants.

C'est à Grenoble que la Révolution a pris naissance dès 1788, un an presque jour pour jour avant les événements de Versailles et de Paris. Contrairement aux idées reçues, l'origine ne fut pas une révolte populaire, encore que les mauvaises récoltes, la faim, la misère, les injustices fiscales, le despotisme eussent préparé la charge explosive à laquelle il manquait encore un détonateur. Il fut trouvé à Grenoble lors de la célèbre Journée des Tuiles (7 juin 1788), quand la population, juchée sur les toits, lapida les soldats du Royal Marine. Toutefois, elle ne se battit pas ce jour-là pour obtenir sa liberté ; elle lutta pour protéger celle de son Parlement qu'elle estimait, non sans raison, gravement menacé.

Bien plus célèbre, l'Assemblée de Vizille (21-22 juillet 1788) doit son importance au fait qu'elle porte en germe toutes les réformes de la démocratie à naître, à commencer par la future Déclaration des droits de l'homme. Cependant, elle ne compte en son sein qu'un nombre infime de représentants des classes laborieuses.

Les Etats Généraux de Romans (septembre, puis novembre 1788), qui préparent ceux du Royaume l'année suivante, sont eux aussi une assemblée de notables. Ce sont d'ailleurs ces notables — des juges comme Mounier, des avocats comme Barnave — qui vont, avec le provençal Mirabeau, jouer les premiers rôles à Versailles après les avoir tenus en Dauphiné. A l'écoute de leurs pairs, sinon du peuple qu'ils connaissent mal, ils prennent appui sur le sentiment de lassitude et d'irritation engendré dans les milieux de la justice et du négoce par les inégalités que le régime a peu à peu accumulées. Ainsi naissent les "Cahiers de doléances", souvent écrits par des hommes de loi, rarement par des laboureurs, au demeurant illettrés pour la plupart.

Ces textes n'en demeurent pas moins la première expression d'une opinion publique, qui commence à se manifester par tâtonnements successifs. Cela débute par les régions les plus pauvres où, faute de blé en suffisance, on survit avec la châtaigne, comme en Vivarais. Les premiers révolutionnaires du Sud-Est contestataire souhaitent créer en France une monarchie constitutionnelle dotée d'institutions parlementaires comme en Angleterre. Ils éveillent des échos favorables parmi les membres les plus libéraux de la noblesse et du haut clergé dauphinois. C'est l'archevêque de Vienne, Lefranc de Pompignan, qui va présider l'Assemblée de Versailles après avoir présidé celle de Romans. Ce sont des comtes et des marquis du Sud-Est (et de Bretagne) qui vont proposer l'abolition des privilèges, décidée dans la folle "nuit du 4 août".

L'histoire de la Révolution dans la région est donc aussi celle d'une espérance déçue : la création paisible d'un régime démocratique à l'anglaise.

Le dernier feu de joie de cette révolution tranquille est allumé dans la plaine d'Etoile, près de Valence, le 29 novembre 1789. Les Dauphinois y célèbrent la naissance d'une union que viennent de sceller spontanément un certain nombre de communes de la Drôme. Cette première "Fête de la Fédération" ouvre la voie à un mouvement qui va gagner toute la France et connaître son apothéose à Paris, un an après la prise de la Bastille, le 14 juillet 1790. C'est aussi l'apothéose des illusions...

Avec la Convention, en septembre 1792, viennent les excès, les désordres et le sang répandu. L'une des pages les plus dramatiques va se dérouler à Lyon. La dictature des Jacobins y provoque la révolte des opposants, qui reprennent le pouvoir à la fin du mois de mai 1793. Devenue le foyer de l'insurrection fédéraliste, et même royaliste, la ville est assiégée d'août à octobre par un corps expéditionnaire envoyé par le pouvoir central. Reconquise de haute lutte, elle est condamnée à l'anéantissement et son ressort administratif réduit au minuscule département du Rhône, le plus petit de France. D'où le titre du beau livre qu'écrira un jour Edouard Herriot : "Lyon n'est plus". La ville perd jusqu'à son nom, pour être rebaptisée "commune affranchie".

Entendre parler aujourd'hui dans cette ville de pouvoir régional, y voir fonctionner un conseil régional composé de cent cinquante et un élus désignés au suffrage universel direct, savoir que le président de cette assemblée est devenu le premier personnage de la région, constater que cette région légifère, prend des initiatives et lève un certain nombre d'impôts, quelle revanche, deux siècles après, sur la Convention !

Mais regardons plus loin que ce ressentiment.

Aujourd'hui, enfin, nous voyons poindre la victoire des Girondins sur les Jacobins !

N'allons pas prétendre qu'il s'agit d'une victoire posthume. C'est, tout au contraire, une victoire qui prépare l'avenir. Elle annonce la transformation souhaitable de la France : ce pays hypercentralisé, cette nation construite en forme de pyramide par Richelieu, Colbert et Napoléon, cet Etat en forme de roue de bicyclette dont Paris est le moyeu.

Au revoir "Paris et le désert français". Bonjour Paris et les régions françaises. Et, en première place, la région Rhône-Alpes.

Résistants et maquisards

CE LIVRE NE PRÉTEND évidemment pas retracer l'histoire de chacune des provinces et des cités qui constituent Rhône-Alpes. Il n'a pas non plus pour ambition de décrire la région de A jusqu'à Z à travers ses diversités, ses espérances, ses réalisations et ses vicissitudes. Il s'agit, dans ces pages, d'éclairer quelques aspects qui ont de l'importance si l'on veut connaître, comprendre et aimer ce grand morceau de France. D'où le rôle essentiel des photographies de Roberto Neumiller, qui toutes parlent aux yeux, à l'esprit et au cœur. Ce livre est d'abord un grand livre d'images.

Notre rapide survol historique serait toutefois incomplet s'il ne faisait pas une place aux événements qui marquèrent la région durant la Seconde Guerre mondiale.

En juin 1940, Voreppe fut le théâtre des derniers combats de la Campagne de France. Durant trois jours, à l'heure où le maréchal Pétain venait de demander l'armistice, des soldats de l'armée des Alpes y arrêtèrent les "Panzer" allemands.

Entre 1940 et 1944, Lyon mérita le nom de "capitale de la Résistance". Elle fut assurément le lieu de rencontre des premiers hommes du refus, le berceau de trois mouvements de résistance — Combat, Libération et Franc Tireur —, la terre natale de la presse clandestine et la victime innocente d'abominables crimes nazis.

Grenoble, elle, fut une capitale des maquis. La conduite héroïque d'un certain nombre de ses habitants lui valut d'être décorée de la croix de Compagnon de la Libération. Cette rare distinction fut également attribuée au village martyr de Vassieux-en-Vercors dont toute la population avait été massacrée et tous les édifices brûlés. C'était à la fin du mois de juillet 1944, lorsque les Allemands attaquèrent le plateau où s'étaient rassemblés quelque quatre mille maquisards.

Annecy fut également une capitale des maquis. Nombre de ses fils, dès mars 1944, étaient tombés les armes à la main sur le plateau des Glières.

Et Oyonnax ne mériterait-elle pas d'être baptisée capitale du patriotisme ? Ce qu'elle fit le 11 novembre 1943, aucune ville ne le fit. Ce jour-là, les maquis de l'Ain, grâce à leur audace, en prirent possession. La cité fut, de l'aube au crépuscule, pour l'anniversaire de l'Armistice, une cité libre. La première de l'Europe occupée avec dix-huit mois d'avance sur le calendrier.

Dans le Nord et l'Est de la France, on ne peut pas faire trente kilomètres sans rencontrer un cimetière de la Grande Guerre. Dans la région Rhône-Alpes, ce sont des croix, des stèles, des plaques et des monuments qu'on trouve partout, le long des routes et des sentiers. Rappelant aux passants les souvenirs tragiques de 1939-1945, ils proclament silencieusement que Rhône-Alpes a, selon l'expression consacrée, "bien mérité de la Patrie".

Une pépinière culturelle

CETTE RAPIDE ÉVOcation des épreuves de la Seconde Guerre mondiale n'était pas inutile : elle montre que l'histoire d'une région est une communauté de destins. Ce fut vrai hier face à l'ennemi. C'est toujours vrai aujourd'hui où la région Rhône-Alpes, comme la France, n'a plus d'ennemis, sinon en elle-même. A l'extérieur, il ne lui reste que des adversaires : ceux que toute communauté humaine affronte, dans le commerce, dans l'industrie, dans la recherche et — ce qui est a priori moins évident — sur le plan culturel.

Existe-t-il une "culture Rhône-Alpes" ? Certainement pas. En revanche, il subsiste une culture de la Rhodanie et une culture de l'Alpe. On dit bien "il subsiste" car la télévision joue, ici comme partout en France, un rôle de pelle mécanique, nivelant, aplanissant, uniformisant à qui mieux mieux. Ce n'est pas une critique. C'est une évidence.

Malgré cela, la Rhodanie — et toute la partie ouest de la région — défend ardemment "sa" culture grâce à un nombre impressionnant de sociétés savantes et d'associations culturelles, grâce à des groupes folkloriques actifs, grâce aussi à quelques éditeurs courageux qui publient des œuvres régionales, souvent excellentes, grâce à d'étonnants musées : art moderne à Saint-Etienne, chaussure à Romans, faïences révolutionnaires à Roanne. Mais la Rhodanie, à la différence de la République, n'est pas "une et indivisible". Elle se compose de microrégions dont chacune a son individualité :

on songe à Roanne, trop souvent oubliée entre ses textiles et ses chars d'assaut alors qu'elle fourmille de richesses ; aux petites villes de l'Ardèche, terroir de fortes traditions ; à la région stéphanoise où le terreau associatif est d'une étonnante et chaleureuse densité ; au Beaujolais, marqué par la personnalité généreuse de ses vignerons ; au Valentinois qui a produit tant de bons écrivains ; au Lyonnais où l'on compte tant de peintres excellents et... quelques-uns des meilleurs cuisiniers du monde. Car la cuisine — n'est-il pas vrai ? — fait partie de la culture.

L'Alpe a plus d'unité dans la mesure où le relief a modelé au fil des siècles des conditions de vie assez semblables. On le voit lorsqu'on visite le Musée savoisien à Chambéry, le musée du Château à Annecy, le Musée dauphinois à Grenoble et bien d'autres où revivent arts et traditions populaires. On le sent quand on lit les bulletins que publient dans ces trois villes l'Académie de Savoie, qui est chambérienne, l'Académie florimontane, qui est annécienne et l'Académie delphinale, qui est grenobloise. Comme la Rhodanie, l'Alpe chante, danse, donne des concerts, monte des pièces de théatre — soixante-sept compagnies, formations et groupes dans le seul département de l'Isère ! Elle organise des festivals, elle présente des expositions, elle édite des livres. Hier, il y avait Arthaud, qui vit aujourd'hui dans le giron de Flammarion. Aujourd'hui, il y a Glénat, qui a conquis la notoriété dans le cercle restreint des grands éditeurs nationaux.

Faut-il rappeler que la région a donné à la France quelques-unes des gloires de son patrimoine culturel ? Saint Bruno qui écrivit sa règle à la Grande-Chartreuse ; Rabelais qui publia son "Gargantua" à Lyon ; Vaugelas qui fixa les règles de la grammaire ; Honoré d'Urfé qui écrivit le premier roman français, "l'Astrée" ; les jésuites de Trévoux qui composèrent le premier dictionnaire ; saint François de Sales qui était savoyard de Thorens ; Madame de Sévigné qui aimait tant son château de Grignan et Madame de Tencin celui qu'elle possédait dans le Grésivaudan ; Laclos qui écrivit "Les Liaisons dangereuses" après avoir été en garnison à Grenoble ; Jean-Jacques Rousseau qui abrita ses amours à Annecy et à Chambéry ; Voltaire qui trouva refuge à Ferney dans l'Ain ; Condillac et Mably qui naquirent à Grenoble ; Lamartine qui chanta le lac du Bourget ; Stendhal qui passa sa jeunesse à Grenoble et qui demeure son fils le plus célèbre ; Champollion qui n'y naquit pas, mais y vécut et travailla au déchiffrement des hiéroglyphes ; Berlioz, fils de La Côte-Saint-André ; Jongkind, fils de la Hollande, qui peignit une grande partie de son œuvre dans la Bièvre, tout comme Maurice Vlaminck ; Claude Bernard, issu du Beaujolais ; Alexis Carrel, médecin à Lyon avant de partir pour les Etats-Unis ; Paul Claudel, châtelain à Brangues ; le philosophe Emmanuel Mounier dont la solidité est celle de ses montagnes dauphinoises ; l'acteur Charles Dullin qui vit le jour à Yenne en Savoie ; Marcel Achard, né à Sainte-Foy-lès-Lyon ; Antoine de Saint-Exupéry, né à Lyon ; le compositeur Olivier Messiaen qui entendit ses premières notes de musique à Grenoble ; Frédéric Dard, père du commissaire San Antonio, natif de Bourgoin-Jallieu...

Et ne font-ils pas partie eux aussi du patrimoine culturel de la région tous ces grands sportifs montés sur le podium : Emile Allais, Jean Vuarnet, Jean-Claude Killy, Alain Prost, Jeannie Longo ?

Culturellement, la région existait bien avant la naissance de Rhône-Alpes.

Elle ne se contentait pas de faire entendre, en sourdine, une petite musique servant de fond sonore à un régionalisme étriqué ; elle jouait une partition importante dans la grande symphonie culturelle française. C'est toujours vrai aujourd'hui.

Touristes, que de richesses !

LORSQU'ON Y VIENT en touriste, par où faut-il commencer la visite de la région Rhône-Alpes ? Par ses montagnes ? Quatre-vingt-cinq sommets de plus de 3 600 mètres. Par ses stations de ski ? Deux cent vingts au total. Par ses sites et ses monuments historiques ? Mille huit cent-quatre-vingt-quinze. Par ses musées ? Ils ne sont pas moins de soixante-dix. Par ses golfs de dix-huit trous ? On en compte plus d'une vingtaine. Par ses restaurants auxquels Michelin accorde trois étoiles ? Il y en a quatre. Par ceux qui possèdent deux étoiles ? Il y en a douze. Par tous les autres, moins étoilés mais où l'on trouve une table délicieuse et un accueil charmant ? Ils sont légion. Par ses grands vins ? On en a dénombré quarante. Par ses fromages ? On en a répertorié quatre-vingts. Par les tables de Lyon, cette ville dont Curnonsky, "prince des gastronomes", disait irrespectueusement qu'elle est "la capitale de la gueule" puisqu'elle est culinairement située au confluent prédestiné de la cuisine à l'ail et de la cuisine à la crème.

Quelle abondance de richesses ! Quelle variété de trésors !

A telle enseigne qu'on se demande quel itinéraire tracer pour le visiteur qui débarque dans la région : qu'il réside dans un des soixante-dix hôtels quatre étoiles, dont quelques-uns sont des palais de rêve, dans un des quatre cents trois étoiles ou des mille cinq cents deux étoiles ; qu'il choisisse de séjourner dans l'une des cinquante-huit stations de classe internationale, au bord d'un des quarante-huit lacs, dans l'une des dix-huit stations thermales ou près d'un des quarante-trois ports de plaisance ; qu'il vienne pour assister à l'un des dix festivals internationaux ou des dix festivals nationaux ou pour participer à l'une des quarante-cinq foires internationales ou salons spécialisés de réputation mondiale ou encore pour jouer dans un des dix casinos.

Aucune région, à l'exception de la région parisienne, ne possède un tel patrimoine hôtelier : aussi varié, aussi bien adapté à des fonctions diverses, de la vie mondaine et élégante aux paisibles vacances familiales en passant par les congrès internationaux, les séminaires professionnels et les voyages organisés.

A vrai dire, il n'existe pas ici d'itinéraire idéal, même s'il y a quelques "must" qu'il ne faut pas manquer.

Au visiteur qui ne connaît absolument pas la région, on a envie de dire :

"N'oubliez pas les villes de Rhône-Alpes.

N'oubliez pas Lyon qui est sans discussion la seconde ville de France — et non point Marseille — si l'on considère, comme on le fait partout aujourd'hui dans le monde, non pas la ville "intra-muros", mais l'agglomération. Non ! n'oubliez pas Lyon qui est l'une des plus belles cités qui soient.

N'oubliez pas Grenoble, admirable en son écrin de montagnes.

N'oubliez pas Saint-Etienne, si accueillante et si attachante, qui est le troisième pôle de la métropole régionale et qui, frappée de plein fouet par la mort des mines de charbon et la crise de la sidérurgie, a entrepris une remarquable reconversion.

N'oubliez pas les villes moyennes qui ont tant de charme : Annecy se reflétant dans le miroir de son lac, Chambéry la noble environnée de montagnes, Bourg au cœur de l'opulente Bresse, Valence qui écoute couler le Rhône.

N'oubliez pas trois douzaines de passionnantes villes moyennes : Belley, Ambérieu, Roanne, Lamastre, Montélimar, Viviers, Annonay, Saint-Marcellin, Nantua, Montbrison, Nyons, Dieulefit et bien d'autres.

N'oubliez pas les villages miraculeusement préservés ou intelligemment restaurés comme Pérouges où tout parle encore du Moyen Age et de la Renaissance, le Reposoir niché dans son vallon, Aiguebelle posée sur son balcon, Bonneval-sur-Arc sauvée par ses habitants, La Garde-Adhémar où les Templiers ont laissé leur empreinte...

N'oubliez pas les deux merveilleux parcs nationaux (Vanoise, Ecrins) et les deux splendides parcs régionaux (Vercors, Pilat).

Tant de pierres précieuses, si diverses, si belles, si bien taillées, si habilement serties sur un cercle d'orfèvrerie si élégant et si gracieux...

Oui, Rhône-Alpes est vraiment un diadème.

Les portes du futur

MAIS QUELLE ERREUR ce serait de ne regarder que le passé ! Voyez ce qu'est devenue aujourd'hui cette région qui, en plusieurs domaines, a ouvert les portes du futur : Lyon où naquit l'industrie de la soie ; Annonay d'où s'envolèrent les premières montgolfières ; Saint-Etienne où Fourneyron fabriqua la première turbine hydraulique ; Andrézieux qui fut le terminus de la première ligne de chemin de fer française, longue de ... dix-huit kilomètres ; les bords de Saône où Niepce inventa la photographie et ceux du Rhône où les frères Lumière donnèrent naissance au cinématographe ; l'Ardèche où Marc Seguin construisit la première machine à vapeur. Et n'oublions pas le premier pont suspendu à Tournon...

Rhône-Alpes, en cette fin du XXe siècle, est devenue une grande puissance économique dont le tissu industriel est à la fois extrêmement dense et remarquablement varié.

Une demi-douzaine de groupes français internationaux ont vu le jour sur son sol : Rhône-Poulenc, Péchiney, Merlin Gerin, BSN, Cap Gémini Sogeti, Renault RVI, successeur de Berliet.

Trois douzaines d'entreprises au moins sont des leaders mondialement connus dans leur spécialité : la pharmacie avec Mérieux, Domilens, Boiron, les articles de sport avec Rossignol, Salomon, Dynamic, Dynastar, les remontées mécaniques avec Pomagalski, les jouets avec Majorette, l'optique avec Angénieux, le papier avec Canson, l'impression par jet d'encre avec Imaje, les textiles techniques avec Porcher, les couteaux avec Opinel, les chaussures avec Charles Jourdan, les beaux lainages avec Alain Manoukian, l'élégante sellerie avec Stéphane Kélian, les turbines avec Neyrpic, les aménagements hydrauliques avec Sogreah, la métallurgie avec Creusot-Loire et Ugine-Kuhlmann, le matériel électrique avec Thomson-Brandt et CGE, la pétrochimie avec Elf Aquitaine, les poêles qui n'attachent pas avec Téfal, la clé-minute et la photo-minute avec Kis, les balances pour le pesage industriel avec Precia, les meubles de cuisine avec Mobalpa, l'air conditionné avec Ciat, les basses températures avec l'Air liquide, l'aéronautique avec Dassault, la distribution avec Casino, Carrefour, Genty-Cathiard, le décolletage avec

Cluses, les "puces" électroniques avec Crouzet, les plastiques en leur capitale, Oyonnax, les eaux minérales avec Evian et Saint-Galmier-Badoit, les produits laitiers avec Gervais-Danone et Yoplait, les salaisons avec Olida, les sirops avec Teisseire, les liqueurs avec la Chartreuse et Cherry-Rocher, les roses avec Meilland...
Plus d'une douzaine d'entreprises à capital étranger ont choisi de s'implanter en Rhône-Alpes : Hewlett-Packard, Dow Chemical, Quaker Oats, Sherring-Plough, Becton-Dickinson, Caterpillar, Digital Equipment, Control Data, Ratti, Air Products and Chemicals, Rockwell, Boehringer, SKF-Sarma, Gillette, USFMI, numéro un mondial du risque industriel.
Enfin, ce n'est pas par douzaines, mais par centaines, qu'il faudrait compter les Petites et Moyennes Entreprises en pleine croissance.
Au total, l'industrie emploie dans la région sept cent soixante mille salariés, soit 38,4 % des actifs. Ils ne sont plus que 5,6 % dans l'agriculture. Mais le pourcentage atteint 56 % dans le secteur tertiaire qui ne cesse de se développer. Sait-on que Lyon ne possède pas moins de soixante-douze banques, dont dix-huit banques étrangères, avec un total de deux mille quatre cent soixante-quinze guichets ? Deux de ces banques, nées à Lyon, ont une réputation internationale : le Crédit Lyonnais et la Société Lyonnaise de Banque.
Rhône-Alpes, c'est aussi neuf universités : trois à Grenoble, quatre à Lyon, une à Saint-Etienne, une à Chambéry et trente et une grandes écoles — dont l'Ecole normale supérieure de Lyon et l'Institut national polytechnique de Grenoble. Rhône-Alpes, ce sont vingt mille personnes employées dans des laboratoires et des centres de recherche : la plus importante concentration scientifique et technique existant en France après la région parisienne.
Rhône-Alpes, c'est un peu du monde de demain. Déjà, il apparaît à Lyon. Voyez le nouvel Institut Pasteur, le Centre international de recherche sur le cancer ou l'immeuble de verre d'Interpol. Déjà, il est né à Grenoble, ce monde de demain. Voyez le polygone scientifique Louis-Néel au confluent de l'Isère et du Drac. Et, au bout de cette presqu'île, allez contempler le plus grand chantier de France, celui du Synchrotron. Ce fabuleux instrument de recherche, financé par onze pays européens, dont la Suisse, va permettre bientôt, grâce à son puissant rayonnement, de mieux connaître la structure de la matière et de poursuivre des recherches tout à fait extraordinaires.
Nulle part en France, comme devant ce gigantesque chantier, on n'a envie de s'exclamer : ici commence l'avenir !

LES COULEURS DE L'AIR

P. 19

***D**e l'infrarouge à l'ultraviolet, toutes les couleurs du prisme sont dans l'arc-en-ciel. Du rouge sombre au violet foncé, elles sont toutes dans Rhône-Alpes.*

P. 20

***Q**ui a dit qu'il n'y avait de ciels que de Flandre ? Sans doute parce que les plus grands peintres de ciels furent des Flamands. Pourtant, cette "toile"...*

P. 21

... n'est pas signée Ruysdael ou Van Dyck. Cet instantané a été pris un soir dans la Drôme. Un soir de soie, d'or et de paix...

P. 22

***D**ouceur des lignes, équilibre des formes, harmonie des couleurs : ce sont les trois caractéristiques des Préalpes, comme ici, en Savoie.*

P. 23

***L**a route des Grands-Goulets dans le massif du Vercors. Taillée dans une falaise parfaitement verticale, elle date du milieu du XIXe siècle.*

P. 24

***L**e mont Aiguille (2 097 mètres) fut longtemps appelé le "mont inaccessible". Jusqu'en 1492, année où il fut gravi par Antoine de Ville, premier varapeur de l'Histoire...*

P. 25

... On célébrera en 1992 ce 500e anniversaire avec l'éclat qui convient dans une région où l'alpinisme tient une très grande place, y compris économique.

P. 34

Mont-Blanc, premier "seigneur" de Rhône-Alpes par son altitude (4 807 mètres), par sa beauté, par sa place dans l'histoire de l'alpinisme mondial.

P. 26

Charme des sous-bois tapissés de fougères et, ici ou là, de scolopendres...

P. 27

... leurs cousins. Plongée soudaine dans une véritable "jungle" tempérée.

P. 28

Les "gens de l'Alpe" savent qu'il faut autant de soin pour entretenir une forêt que pour cultiver un lopin de terre...

P. 29

... c'est pourquoi ils aiment leurs forêts, dont quelques-unes – forêt de Lente, forêt de Saou, forêt de Chartreuse ou de l'Ain – sont des splendeurs.

P. 30

Automne, saison des cuivres, des mordorés et des pourpres. La nature joue le final de la symphonie avant l'entracte du long hiver...

P. 31

Printemps, saison de tous les verts de la palette : du plus tendre encore mêlé de jaune, au plus sombre, où subsiste du bleu nuit.

P. 32

L'hiver dans la grande forêt de Chartreuse : parfaite géométrie et rigoureuse algèbre mais douceur des coloris et délicatesse des nuances...

P. 33

... On comprend que saint Bruno soit tombé amoureux de ce massif quand il y vint en 1084, cherchant une solitude où prier et méditer.

LES COULEURS DE L'EAU

P. 37

Un millier d'étangs, répartis sur près de dix mille hectares : c'est la Dombes, si proche de Lyon et pourtant si loin du monde.

P. 38

Miroitement du soleil dans la vallée de l'Eau-d'Olle. Longtemps oublié, ce torrent de l'Oisans descendu du massif des Grandes-Rousses...

P. 39

... alimente aujourd'hui un énorme barrage, celui de Grand-Maison, que domine la jeune station de ski de Vaujany, toute proche de l'Alpe-d'Huez.

P. 40

Voilier, comme un accent aigu sur une page vierge... Rhône-Alpes est aussi le pays des grands lacs, paradis des plaisanciers et des véliplanchistes.

P. 41

"Sur la rive du lac du Bourget, ces oiseaux perchés invitent à la douce flânerie et à la rêverie littéraire." Souvenirs de Lamartine et de la tendre Elvire que le poète rencontra en 1816 à Aix-les-Bains.

P. 42

Le lac d'Annecy : tous les souvenirs d'un lieu chargé d'histoire et tous les...

P. 43

... charmes d'un des plus grands plans d'eau de la région. L'un des hauts lieux du tourisme en Rhône-Alpes.

P. 52

La Saône : 480 kilomètres. Grâce à ses hautes eaux d'hiver, elle régularise le niveau du Rhône. Elle est son bief de liaison avec le Rhin. Et puis elle est belle !

P. 44

La cascade de Choranche, en Vercors, une parmi tant d'autres. Vint un homme qui, les contemplant, songea qu'elles recelaient une puissance extraordinaire...

P. 45

... et qu'on pouvait la capter pour faire tourner les turbines. C'était en 1869 en Dauphiné. Il s'appelait Aristide Bergès. Ainsi naquit la Houille Blanche.

P. 46

Le barrage de Grangent, sur la Loire, et son déversoir. La région est le premier château d'eau français : 25 milliards de kilowatts/heure produits par les Alpes, le Rhône et la Loire.

P. 47

Arrosage du maïs dans l'Isère. Autres secteurs de pointe dans la région, l'enseignement agricole, l'industrie agro-alimentaire.

P. 48

L'isère n'a pas seulement donné son nom au département (1 015 000 habitants) dont Grenoble est la capitale. Elle a profondément marqué la géographie régionale...

P. 49

... surnommée "le Serpent" par les vieux Dauphinois à cause de ses méandres dans le Grésivaudan, elle garde la couleur sombre des schistes noirs de Savoie.

P. 50

L'Isère à Romans. Torrent, au début, sur les pentes de l'Iseran, artère industrielle...

P. 51

... en Tarentaise, elle est ici, après 280 kilomètres, presque devenue fleuve.

LES COULEURS DE LA TERRE

P. 55

Mieux qu'un long exposé, cette photo montre le morcellement des propriétés agricoles dans la région et la diversité des cultures.

P. 56

Cultures dans la Loire (745 000 habitants). Dans la région Rhône-Alpes, l'agriculture n'occupe plus qu'une place limitée ; 5,6 % de la population active contre 8 % pour l'ensemble de la France...

P. 57

... Mais cette agriculture n'a cessé de se transformer et de se spécialiser en s'adaptant aux besoins du marché. D'où un certain nombre de réussites.

P. 58

Cultures dans la Drôme. Peu de départements ont, comme celui-ci (414 000 habitants), créé une agriculture aussi moderne, variée et exportatrice...

P. 59

... Parmi les productions les plus importantes, les fruits, les vins, les primeurs, les olives, les pintadeaux et les picodons de la Drôme, les agneaux des Préalpes.

P. 60

De la vallée du Rhône, on peut dire qu'elle est l'un des plus beaux vergers de France. Il commence au sud de Lyon pour s'achever dans le Vaucluse...

P. 61

... Principaux fruits : la pêche (7 600 hectares dans la seule Drôme), la cerise (surtout dans l'Ardèche), l'abricot, la poire, la pomme, l'amande, la noix...

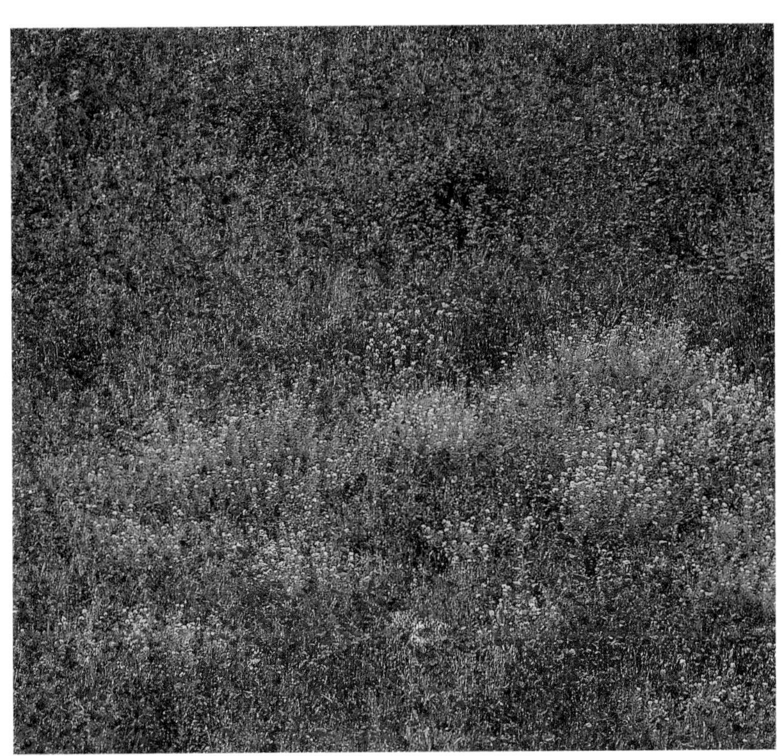

P. 70

*"**B**eaux épis ébouriffés par le vent", songe le poète. "Triste moisson malmenée par le grand vent", dit le paysan. Chacun des deux a raison.*

P. 62

La Drôme est le pays de la lavande. Contrairement à ce que croient certains, elle n'est pas cultivée pour la joie des yeux mais pour la parfumerie !...

P. 63

... L'autre grande richesse, c'est la vigne. Des clos du Bugey, de la Savoie et du Roannais à ceux des Côtes du Rhône et du Beaujolais, elle est presque partout présente.

P. 64

Les épilobes ne servent à rien ! Ces onagrariacées aux belles fleurs rosées...

P. 65

... poussent partout, hautes sur tiges, proclamant la gloire de l'été.

P. 66

Arbres et buissons composent un vrai tableau sur cette photo, pourtant prise à deux pas du centre...

P. 67

... de Grenoble, sur les flancs de la Bastille, donjon de la cité. Non loin ondulent tournesols et coquelicots.

P. 68

L'apiculteur est un personnage typique de la campagne rhônalpine. Ses miels sont des plus variés : lavande, acacia, sapin, châtaigner, mille fleurs...

P. 69

Une toile de Renoir au musée d'Orsay ? Non, une création spontanée de la nature en Vercors. Oscar Wilde avait raison : "La Nature imite l'Art."

LES COULEURS DE LA TERRE

P. 73

La fenaison dans la montagne dauphinoise. Une scène que bientôt on ne verra plus, les machines remplaçant partout, peu à peu, les bœufs et la charrette.

P. 74

Paysage de neige dans la région de Die. Cette charmante vallée de la Drôme est célèbre par son vin mousseux : la clairette.

P. 75

La noix, orgueil de la moyenne vallée de l'Isère, aux alentours de Tullins. Trois espèces : la "mayette", la "franquette" et la "parisienne" ; une seule qualité : la saveur.

P. 76

La culture sous plastique tendu sur des arceaux permet de gagner de précieuses semaines. Et voilà les produits de la région vite, très vite sur les marchés.

P. 77

L'homme est comme une double croche sur quelque portée de musique tracée par un compositeur dément. C'est un maraîcher dans son champ d'asperges !

P. 78

La Beaucroissant, comme on l'appelle toujours en employant l'article, une des plus anciennes foires de France. Elle date de 1219.

P. 79

Les fromages de Rhône-Alpes : 80 au total ; tous délicieux ; un élément important de l'économie de la Savoie (348 000 habitants, dont 100 000 à Chambéry).

8
3

P. 88

La vigne en Rhône-Alpes : 62 000 hectares dont 60 % en appelations d'origine (AOC). Le vin représente 14 % du produit agricole de la région, 50 % dans le Rhône.

P. 80

"Tuer le cochon" : une expression qui n'a plus de sens à la ville. Pas plus que "tuer le veau gras". Mais à la campagne, quand on tue le cochon, quel événement !

P. 81

Chasser le cerf était hier une cérémonie quand on le poursuivait avec une meute de chiens. C'est toujours une fête aujourd'hui... pour l'homme.

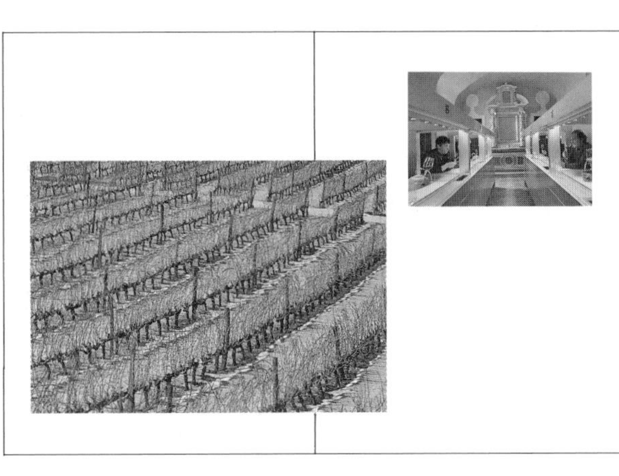

P. 82

Une estampe japonaise ? Un dessin à l'encre de Chine ? Non. Des vignes dormant sous une fine pellicule de neige dans l'attente du retour du printemps.

P. 83

A Suze-la-Rousse dans la Drôme, le château féodal datant du XIIe siècle abrite une étonnante "Université du vin". On y vient du monde entier.

P. 84

Transhumance, un mot qui évoque les troupeaux sur les routes et certaines pages de Giono. Et voici que l'été, au détour d'un chemin des Alpes...

P. 85

... les moutons sont là, sages, doux et tristes. Et les chiens vigilants et consciencieux. Et les bergers, pieds sur la terre, regard dans le ciel.

P. 86

La pêche dans la Dombes. Bien qu'elle soit toute proche de Lyon, cette microrégion fait partie du département de l'Ain.

P. 87

"Ma commère la carpe y faisait mille tours avec le brochet son compère" eut dit La Fontaine en voyant cette prise exceptionnelle.

LES COULEURS DE LA PIERRE

P. 91

Un chalet dans la neige à Val-d'Isère. Très moderne d'aspect, il utilise pourtant les matériaux traditionnels de l'Alpe : le bois, la pierre et les lauzes.

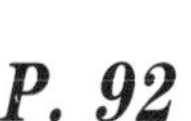

P. 92

Pierres des maisons, pierres des châteaux, pierres des églises...

P. 93

... quelle palette de couleurs à travers la région ! Ici, un clocher un jour de fête.

P. 94

Une grosse ferme de la Drôme solidement assise dans la pente parmi ses tournesols...

P. 95

... sous son toit de tuiles romaines, inchangées depuis vingt siècles.

P. 96

Quatre chefs-d'œuvre : Pérouges la ronde (XVe siècle) ; Villard-Notre-Dame, 49 électeurs...

P. 97

... Bonneval-sur-Arc, amoureusement restaurée par ses habitants ; Yvoire, croulant sous les fleurs.

CREPERIE
GLACES

CASINO

COTE OUEST

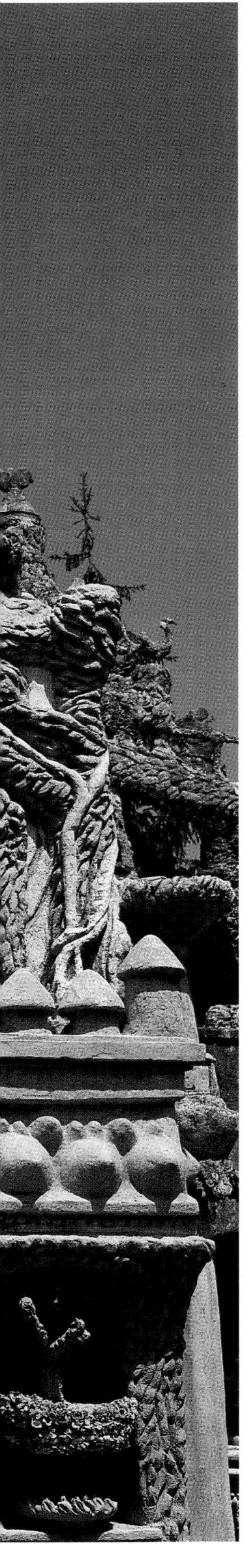

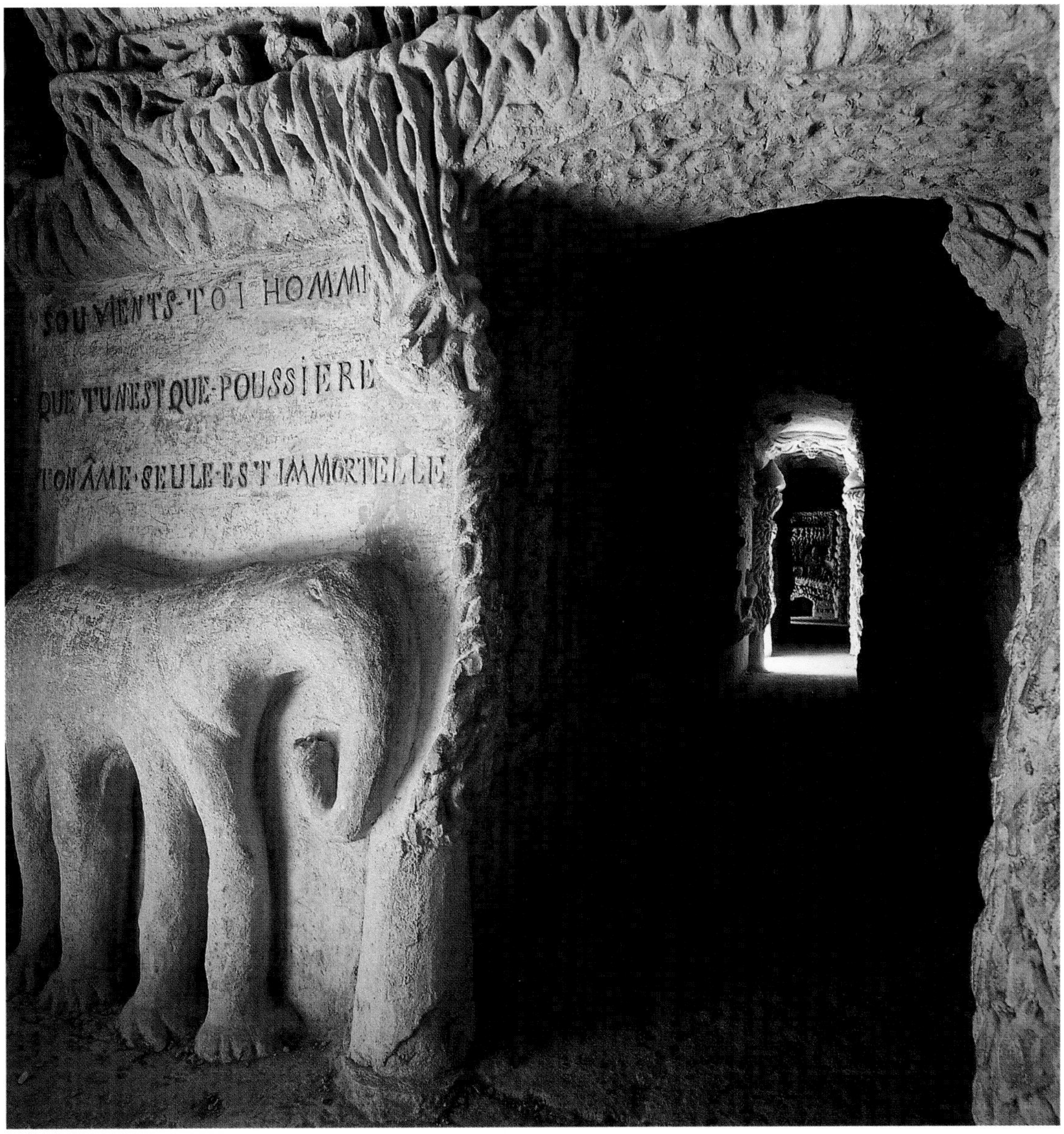
SOUVIENTS-TOI HOMM
QUE TU N'EST QUE POUSSIERE
TON ÂME SEULE EST IMMORTELLE

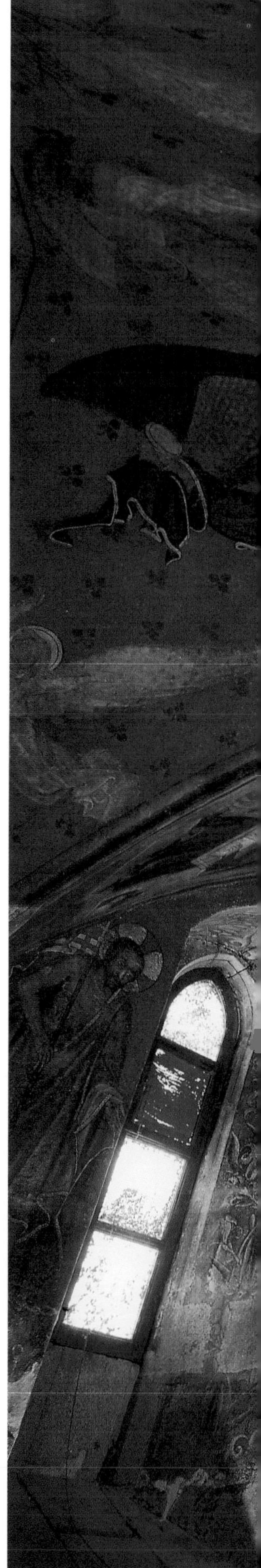

P. 106

***S**aint-Hugues-de-Chartreuse, par le long et persévérant effort d'un artiste, le peintre Arcabas, est devenu un lieu de pélerinage sur les chemins de la beauté.*

P. 98

***A**nnecy : une agglomération qui dépasse 100 000 habitants, une petite capitale, mais surtout un des sites les plus charmants de la région. Comment ne pas aimer ses canaux qui l'on fait comparer à une petite Venise ?*

P. 99

***E**vian-les-Bains, perle de la Haute-Savoie (568 000 habitants)... Bains pour les reins grâce à la cure de diurèse, bains de musique, bains d'opulence... si, d'aventure, on gagne au casino !*

P. 100

***S**aint-Nazaire-en-Royans, dans la Drôme, possède un étonnant aqueduc, qu'on voit ici illuminé...*

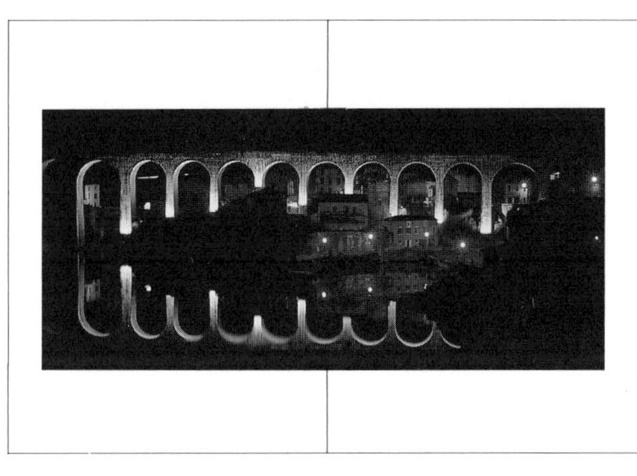

P. 101

... Il n'a rien de romain, cet ouvrage d'art. Construit à une époque récente, il n'est qu'un canal d'arrosage pour les cultures de la plaine de l'Isère.

P. 102

***D**e tous les monuments de la région, le plus insolite est assurément le "palais idéal" qu'un humble facteur nommé Cheval construisit à Hauterives...*

P. 103

... Equipé d'une pelle et d'une brouette, cet homme donna vie à ses rêves. Tel ce temple indien et cet étonnant tombeau où il voulait reposer. Il mourut en 1924.

P. 104

***S**aint-Bonnet-le-Château dans la Loire, plantée sur un éperon rocheux, possède une collégiale du XVe siècle contenant sept magnifiques fresques italiennes...*

P. 105

... Elles sont aussi célèbres que les squelettes momifiés, au nombre de quarante, découverts en 1837. Ils dateraient des guerres de Religion. Le sol contient de l'arsenic.

LES COULEURS DE LA PIERRE

P. 109

On les appelle irrespectueusement "les quatre sans-cul". Ils sont le symbole de Chambéry, bien plus que son château seigneurial. De nuit, quelle étonnante apparition !

P. 110

Saint-Etienne, capitale de la Loire, est, avec 400 000 habitants, la troisième agglomération de la région Rhône-Alpes...

P. 111

... Installée dans un ancien théâtre, cette cafétéria Casino, la première créée en France, est un véritable monument historique.

P. 112

Le musée d'Art Moderne de Saint-Etienne est devenu en peu d'années un des pôles de la ville...

P. 113

... comme sa belle maison de la culture. Adieu charbon, adieu mineurs ! Cette ville est aujourd'hui celle du sursaut.

P. 114

Grenoble, l'ancienne capitale du Dauphiné, est aujourd'hui la deuxième agglomération de la région...

P. 115

... Sa population avoisine 450 000 habitants. Elle est l'une des villes de France dont la croissance a été la plus rapide.

ilettes
léphone

P. 124

Ces chevaux impétueux appartiennent à la fontaine de la place des Terreaux, face à l'Hôtel de Ville de Lyon. Ils sont l'œuvre de Bartholdi, auteur de la statue de la Liberté.

P. 116

La chapelle de Sainte-Marie-d'en-Haut, ancien couvent de la visitation fondé par saint François de Sales, devenue le Musée dauphinois. Un parfait exemple de baroque italien du milieu du XVIIIe, œuvre de Francesco Tanzi.

P. 117

Momie égyptienne de l'étonnante collection que conserve le musée de Grenoble.

A Saint-Martin-le-Vinoux, aux portes de Grenoble, se trouve un des plus surprenants édifices : la "Casamaures", c'est-à-dire la maison mauresque. Insolite !

P. 118

Lyon la Belle résumée en quatre chiffres : ville : 418 531 habitants, agglomération : 1 220 844...

P. 119

... département du Rhône : 1 507 000, région Rhône-Alpes : 5 344 000.

P. 120

Quand vient le soir à Lyon, les quais de la Saône offrent parfois au promeneur ce camaïeu de bistre, d'ocre, de brun qui semble peint pour le rêve et la flânerie.

P. 121

Bien que Lyon soit établie, dit-on, au confluent de trois fleuves, le Rhône, la Saône et le Beaujolais, on ne voit ici que les deux premiers !

P. 122

Fondé en 1897, l'institut Mérieux est aujourd'hui connu dans le monde entier...

P. 123

... où sont vendus ses vaccins. Ici, le tout nouveau siège à Lyon.

LES COULEURS DE L'HOMME

P. 127

Guignol est lyonnais, n'est-ce pas Monsieur Mourguet ? Par-delà le spectacle pour enfants, c'est tout un folklore qui s'exprime dans ce mini-théâtre populaire.

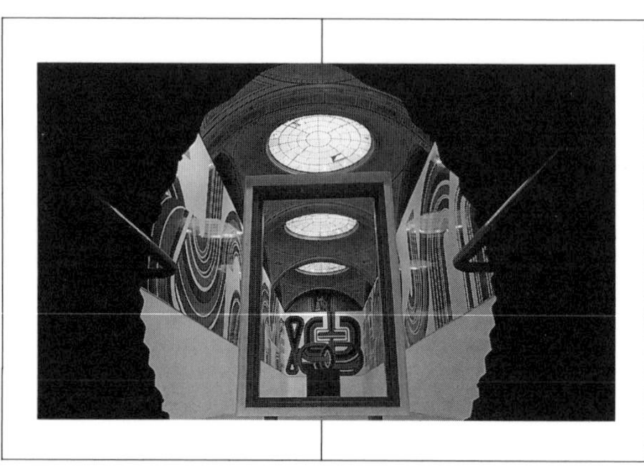

P. 128

Le musée des Beaux Arts de Grenoble, l'un des plus beaux de France, est célèbre entre autres, pour ses collections...

P. 129

... de peinture moderne. Une partie de celles-ci va enfin trouver place dans le nouvel édifice en construction.

P. 130

Ces natures mortes d'Osias Beert devraient lui valoir une place parmi les plus grands...

P. 131

... Elles sont délicieuses pour les yeux comme pour les papilles gustatives.

P. 132

En hommage à tous ceux qui font de Rhône-Alpes un paradis de la gastronomie, à commencer par les cinq "trois étoiles" : Georges Blanc à Vonnas, Paul Bocuse à Collonges, Alain Chapel à Mionnay, Jacques Pic à Valence, Pierre Troisgros à Roanne.

P. 133

La Révolution française étant née en Dauphiné dès 1788, on y commémora avec éclat le deuxième centenaire en 1989. Mais guère à Lyon qui trop en souffrit.

P. 142

Parmi les opéras de France, celui de Lyon (1828-1830) est un des plus beaux. Récemment restauré, il présente toutes les grandes œuvres du répertoire.

P. 134

Roanne (60 000 habitants) : 18 % des pull-overs français, 40 % des robes en maille, 20 % des vestes d'intérieur et des robes de chambre.

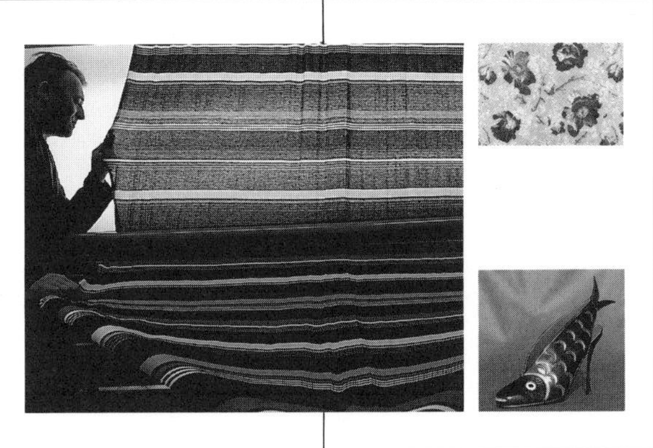

P. 135

L'histoire de la soierie lyonnaise est intimement liée à celle de la ville. Ici, un satin liseré lancé broché (damas robe), datant de 1889. Romans (35 000 habitants) est la capitale de la chaussure. Un étonnant musée lui est consacré.

P. 136

A Annecy, l'entreprise Paccard fabrique des cloches de toutes tailles qu'elle exporte dans le monde entier. Chacune a son timbre, chacune a son nom...

P. 137

... C'est le nom d'Annecy, qu'elles vont partout sonnant. Au XVIIe siècle, c'était la voix de bronze de son évêque, saint François de Sales, qui s'élevait.

P. 138

Le 19.9.1846, une belle dame apparaît à deux bergers de Corps : Maximin, 11 ans, et Mélanie, 14... Aujourd'hui, La Salette est le second lieu de pèlerinage de France.

P. 139

La Grande-Chartreuse, le plus célèbre monastère de la région, un des plus illustres de France, fondé au XIe siècle par saint Bruno, rebâti sous sa forme actuelle au XVIIe siècle.

P. 140

"Un cheval ! Mon royaume pour un cheval !" Qui ne se souvient de ce cri...

P. 141

... déchirant du "Richard III" de Shakespeare présenté ici, avec éclat, à Lyon.

LES COULEURS DE L'HOMME

P. 145

Chaque année, le Festival de jazz attire à Vienne des foules enthousiastes. Le théâtre antique est parfois trop petit malgré ses 13 000 places.

P. 146

Des interprètes qui ont leurs "fans", un spectacle tout à fait "in", une très grande salle...

P. 147

... "Transbordeur" à Lyon, "Summum" à Grenoble et c'est le succès !

P. 148

La préhistoire, où l'évoquer mieux que dans l'Ardèche, pays de grottes dont certaines furent habitées ? Ici, le zoo préhistorique de l'Aven-Marzal au sud d'Aubenas.

P. 149

A l'est de Lyon, le parc ornithologique de Villars-les-Dombes regroupe sur 200 hectares près de 2 000 oiseaux de 400 espèces différentes. Un paradis !

P. 150

Le "mountain-bike", ce vélo tout-terrain venu des Etats-Unis, est en train de conquérir la France sous le nom de V.T.T. Ils sont déjà 500 000.

P. 151

Le golf est partout dans la région. On y dénombre aujourd'hui plus de 20 parcours de 18 trous. Et on continue à en aménager, même en montagne...

Wilson

A H. B. DE SAUSSURE
CHAMONIX RECONNAISSANT

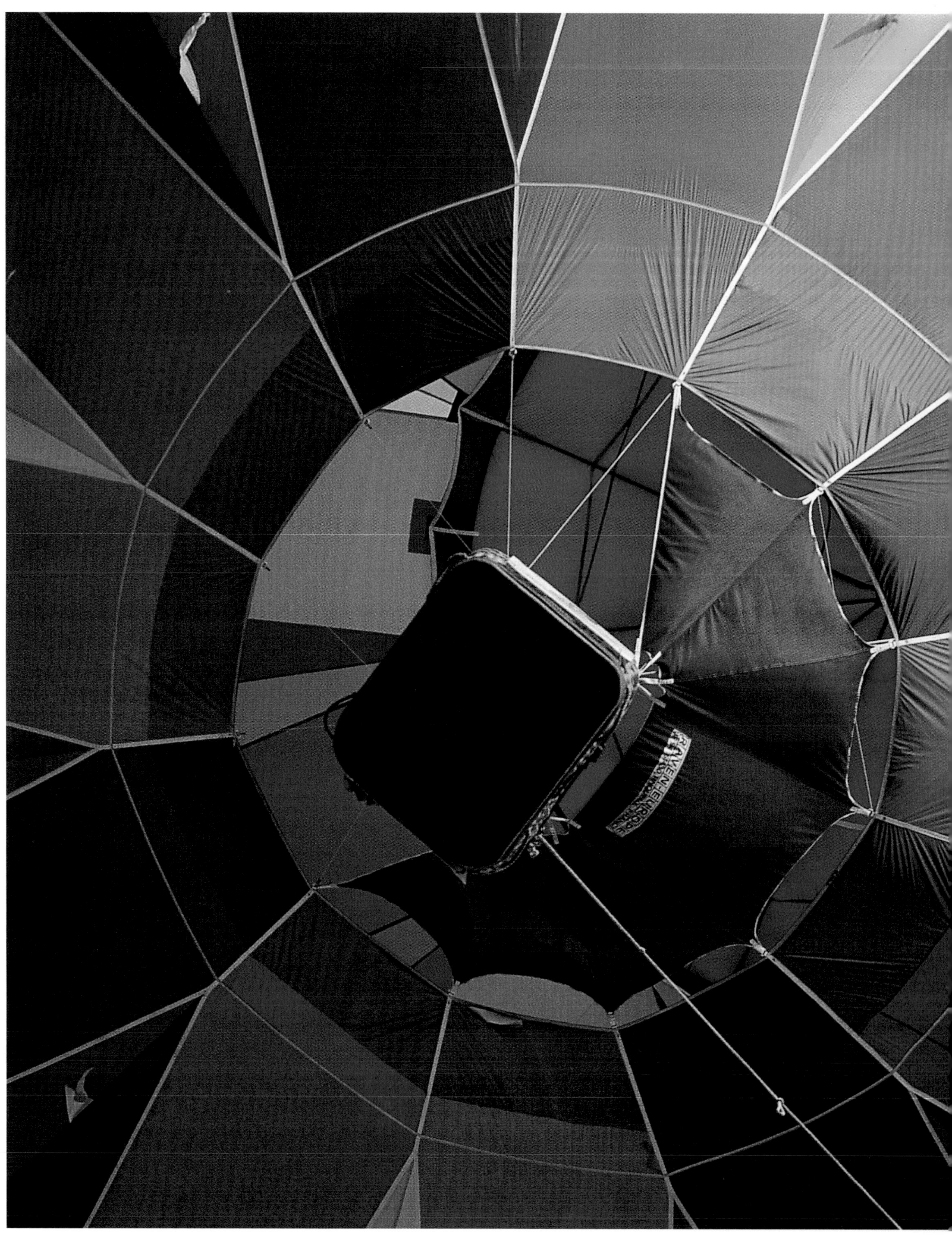
RAVEN-EUROPE

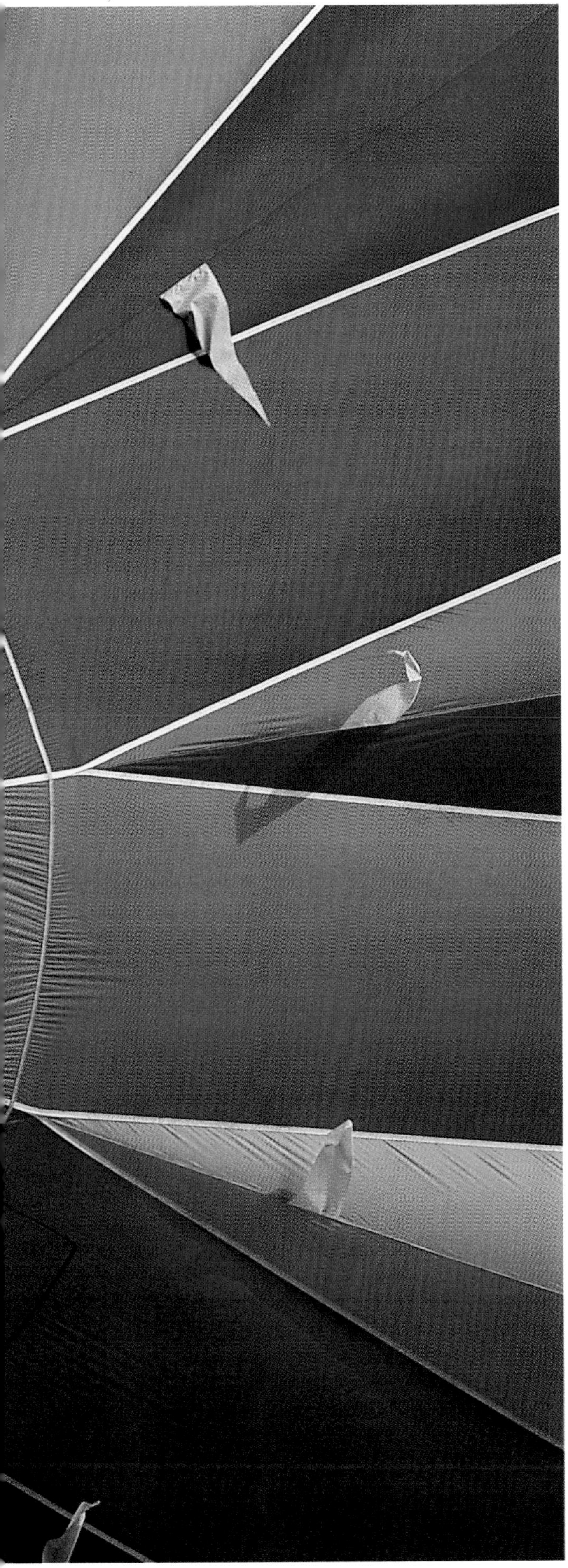

SNAF
Survol

P. 160

Deltaplane et parapente ont conquis rapidement la région, comme l'avait déjà fait le planeur et pour la même raison : les ascendances de l'air.

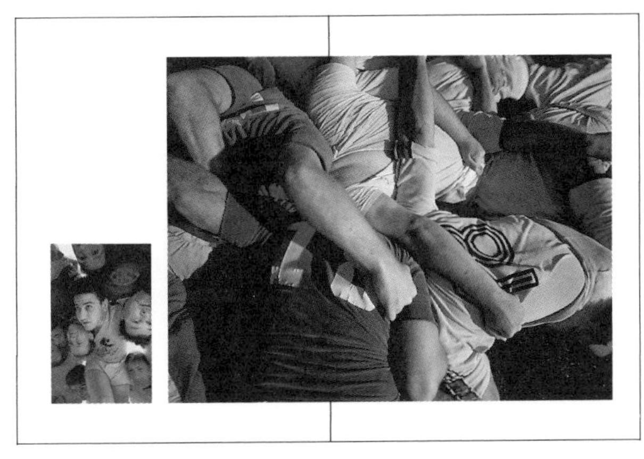

P. 152

Mêlée de rugby vue du dessous ; la même vue du dessus. La région aligne de nombreuses...

P. 153

... équipes. Quelques-unes sont excellentes. Toutes ont leurs ardents supporters.

P. 154

L'escalade semble être devenue un sport pour tous. Illusion ! Il y faut compétence et entraînement, surtout pour se lancer sur les parois difficiles...

P. 155

... La première compagnie de guides fut créée à Chamonix en 1823. Le nombre de guides diplômés, formés par l'ENSA, atteint aujourd'hui 4 000 environ.

P. 156

La région est aussi le paradis des spéléologues. On y compte de nombreux gouffres, notamment dans l'Ardèche et le Vercors. Ici Choranche...

P. 157

... Cette grotte est célèbre pour ses stalactites tubulaires d'un diamètre moyen de 4 mm. De véritables macaroni de cristal. Unique en Europe !

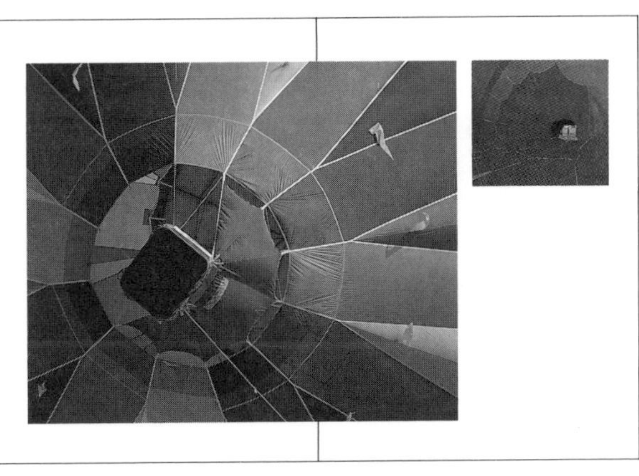

P. 158

Les deux frères, Joseph et Etienne de Montgolfier, fabriquaient du papier à Annonay. Ils eurent l'idée de réaliser un gros ballon et de le faire...

P. 159

... s'élever en le remplissant d'air chaud. C'était en 1783. Ils recommencèrent à Versailles. Ancêtre de l'aviation, la montgolfière retrouve une jeunesse.

LES COULEURS DE L'HOMME

P. 163

Les joutes lyonnaises : un spectacle qui remonte au Moyen Age mais qui garde à la fin du XXe siècle tout son charme et toute son élégance.

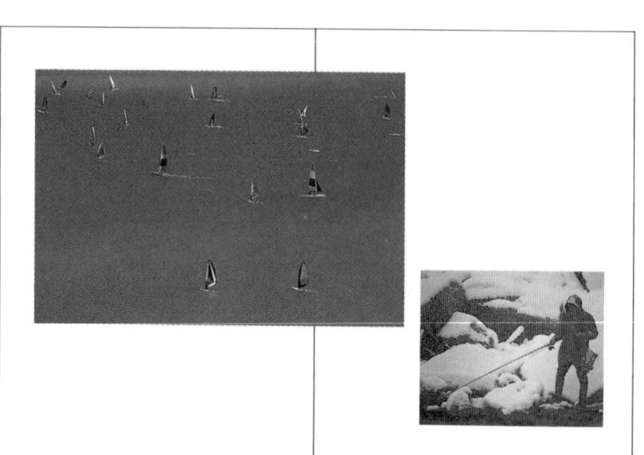

P. 164

Le lac de Monteynard, né d'un barrage sur le Drac (Isère), est devenu un des hauts lieux de la planche à voile : la conséquence inattendue d'un aménagement hydroélectrique !

P. 165

Pas de saison pour les pêcheurs, semble dire celui-ci que n'arrête ni le froid, ni la neige. Et si l'eau elle-même gelait, il pêcherait à l'esquimaude !

P. 166

Bourg-Saint-Maurice en Savoie a découvert que les eaux de l'Isère, encore torrentueuses si près de la source, étaient parfaites pour l'hydrospeed...

P. 167

... Ce sport a été créé en 1978 par Claude Puch. Ils sont aujourd'hui plus de 5 000 pratiquants à utiliser en France cette luge des torrents.

P. 168

Construire une piscine, c'est bien. Construire une piscine à vagues, c'est mieux. Ici, celle du parc de Walibi, près des Avenières, dans le Nord-Isère.

P. 169

Le thermalisme, une des richesses de la région : certaines sources étaient connues des Romains qui construisirent les premiers édifices. Aujourd'hui, on compte 18 stations thermales en Rhône-Alpes. Sur cette photo, Brides-les-Bains.

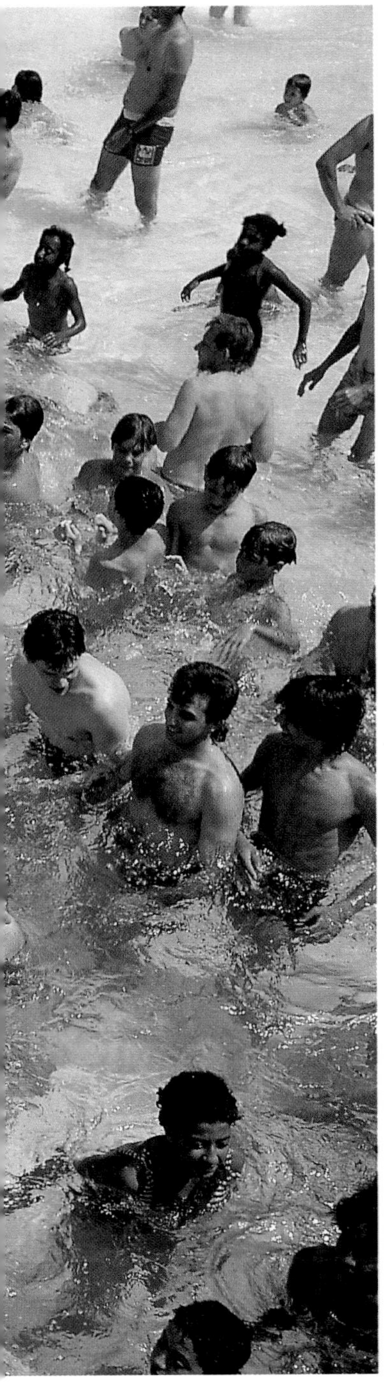

Zenith
la Clusaz

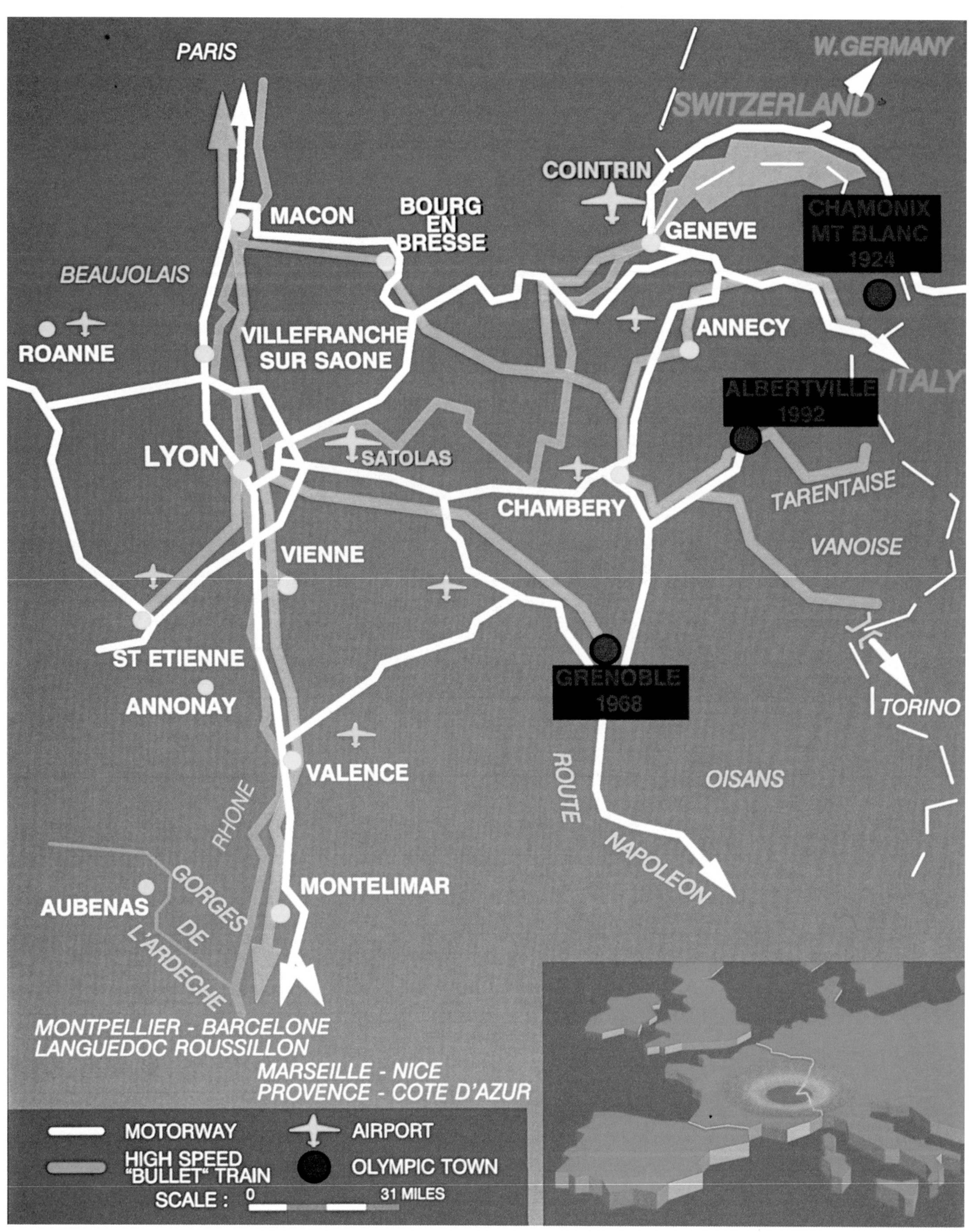

PARIS
W.GERMANY
SWITZERLAND
COINTRIN
MACON
BOURG EN BRESSE
GENEVE
CHAMONIX MT BLANC 1924
BEAUJOLAIS
ANNECY
ROANNE
VILLEFRANCHE SUR SAONE
ITALY
ALBERTVILLE 1992
LYON
SATOLAS
TARENTAISE
CHAMBERY
VANOISE
VIENNE
ST ETIENNE
GRENOBLE 1968
ANNONAY
TORINO
VALENCE
ROUTE
OISANS
RHONE
NAPOLEON
MONTELIMAR
AUBENAS
GORGES DE L'ARDECHE
MONTPELLIER - BARCELONE
LANGUEDOC ROUSSILLON
MARSEILLE - NICE
PROVENCE - COTE D'AZUR
MOTORWAY
AIRPORT
HIGH SPEED "BULLET" TRAIN
OLYMPIC TOWN
SCALE : 0
31 MILES

P. 170

Vous voulez descendre une rivière ? Une adresse : Vallon-Pont-d'Arc (07150). Ce village est le point de départ pour faire les gorges de l'Ardèche...

P. 171

... Comme il arrive souvent, c'est cette petite rivière (120 kilomètres) qui a donné son nom au département, l'un des plus pittoresques de la région Rhône-Alpes : 227 000 habitants.

P. 172

La nuit, quand les skieurs dorment...

P. 173

... les engins mécaniques s'éveillent pour aller travailler sur les pistes.

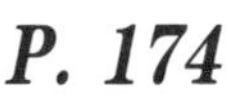

P. 174

Skieurs dans la Vallée Blanche, au-dessus de Chamonix, la plus grande descente des Alpes à ski en haute montagne (18 kilomètres).

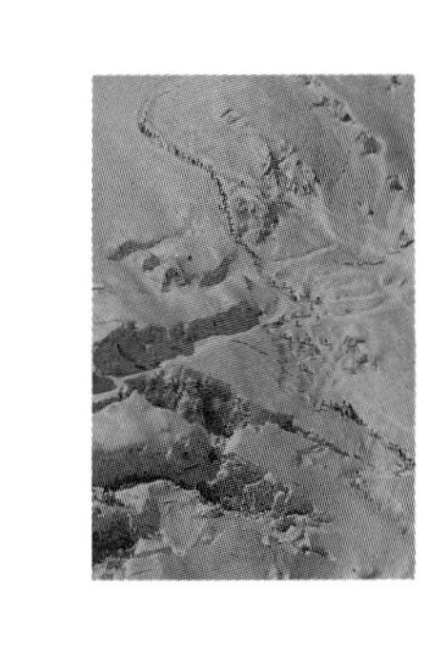

P. 175

La "Foulée blanche" : c'est le beau nom qu'on a donné à une grande épreuve de ski de fond en Vercors (Autrans-Méaudre). La version française des grandes courses scandinaves...

P. 176

Parfois, comme ici, aux Arcs, en Savoie, la liaison entre les différents niveaux de la station se fait par des moyens pour le moins inattendus.

P. 177

Ski de vitesse, kilomètre lancé. Les Arcs, pour ce type de compétition, revendiquent "la piste la plus rapide du monde" : la pente de départ est à 96 % !

Annexes

Rhône-Alpes parmi ses voisines en Europe

	Allemagne	Espagne	France	Italie
Nombre de régions	16 Laender (11 RFA + 5 ex-R.D.A.)	17 régions	21 régions + Corse	20 régions
Les quatre ''moteurs de l'Europe''	Bade-Wurtemberg	Catalogne	Rhône-Alpes	Lombardie
Superficie	35 752 km²	41 558 km²	44 000 km²	23 857 km²
Population	9 295 000 hab.	6 041 062 hab.	5 300 000 hab.	8 886 402 hab.
Capital	Stuttgart	Barcelone	Lyon	Milan

Rhône-Alpes parmi les régions françaises

	Capitale de la région	Nbre de départements	Population de la région	Rang démographique
Alsace	Strasbourg	2	1 620 000 hab.	15ᵉ
Aquitaine	Bordeaux	5	2 800 000 hab.	7ᵉ
Auvergne	Clermont-Ferrand	4	1 300 000 hab.	19ᵉ
Bourgogne	Dijon	4	1 650 000 hab.	14ᵉ
Bretagne	Rennes	4	2 800 000 hab.	6ᵉ
Centre	Orléans	6	2 380 000 hab.	10ᵉ
Champagne-Ardenne	Reims	4	1 345 000 hab.	18ᵉ
Corse	Ajaccio	2	240 000 hab.	22ᵉ
Franche-Comté	Besançon	4	1 100 000 hab.	15ᵉ
Ile-de-France	Paris	8	10 700 000 hab.	1er
Languedoc-Roussillon	Montpellier	4	2 110 000 hab.	11ᵉ
Limousin	Limoges	3	730 000 hab.	21ᵉ
Lorraine	Nancy	4	2 300 000 hab.	9ᵉ
Midi-Pyrénées	Toulouse	8	2 450 000 hab.	8ᵉ
Nord-Pas-de-Calais	Lille	2	3 960 000 hab.	4ᵉ
Basse-Normandie	Caen	3	1 390 000 hab.	17ᵉ
Haute-Normandie	Rouen	2	1 730 000 hab.	13ᵉ
Pays de la Loire	Nantes	5	3 080 000 hab.	5ᵉ
Picardie	Amiens	3	1 800 000 hab.	12ᵉ
Poitou-Charentes	Poitiers	4	1 600 000 hab.	15ᵉ
Provence-Alpes-Côte d'Azur	Marseille	6	4 260 000 hab.	3ᵉ
Rhône-Alpes	Lyon	8	5 300 000 hab.	2ᵉ

(Source : INSEE, recensement de 1990.)

Rhône-Alpes telle qu'en elle-même

1. L'ÉCONOMIE

■ Rhône-Alpes, dont on dit souvent qu'elle est "la France au 1/10e", a la particularité de présenter un éventail complet de toutes les activités :
— agriculture : 2,6 % ;
— bâtiment : 6,8 % ;
— industrie : 35 % ;
— tertiaire : 55,6 %.

■ On y trouve, de longue date, une concentration d'industries de pointe (électronique, informatique, biologie, santé, atome). Avec ses dix technopoles, elle est un "laboratoire de l'économie de demain".

■ Elle occupe le second rang national en matière de commerce extérieur. Ses principaux partenaires sont l'Allemagne, l'Italie, les USA, la Belgique, le Luxembourg, la Suisse, les Pays-Bas, l'Espagne, le Japon.

■ L'armature urbaine trouve son équilibre autour de trois grands pôles :
— Lyon (2e agglomération de France), Grenoble, Saint-Etienne ;
— 3 autres agglomérations de plus de 100 000 habitants : Annecy, Chambéry, Valence.
— 4 agglomérations de 50 000 à 100 000 habitants.
— 35 agglomérations de 10 000 à 50 000 habitants.

2. L'ENSEIGNEMENT

Universités :	4 à Lyon	: 56 000 étudiants ;
	3 à Grenoble	: 32 000 étudiants ;
	1 à Saint-Etienne	: 9 000 étudiants ;
	1 à Chambéry	: 5 000 étudiants ;

Grandes écoles :	Lyon :	16
	Grenoble :	10
	Saint-Etienne :	4
	Chambéry :	1

Total environ : 130 000 étudiants et élèves.

Enseignements du 1er et 2e degrés plus enseignement spécialisé :
7 786 établissements ;
48 219 classes ;
1 193 326 élèves ;
30 % de la population de Rhône-Alpes a moins de 20 ans.

3. LA RECHERCHE

Plus de 240 laboratoires et 20 000 chercheurs font de Rhône-Alpes le second pôle français de la recherche scientifique.
Organismes d'appui au développement et au transfert de technologie :

- 20 centres techniques professionnels,
- 5 centres régionaux d'innovation et de transfert de technologies (CRITT) spécialisés : traitement de surface et papier carton à Grenoble, matériaux composites, collage et agro-alimentaire à Lyon,
- 3 CRITT généralistes,
- 2 pôles technologiques : productique à Saint-Etienne, biomédical à Lyon,
- ARIST (Agence régionale d'information scientifique et technologique) et 12 chambres de commerce et d'industrie.
- Plates-formes technologiques : CETIAT (énergie radiante), ARUFOC (fibre optique).

Le tout est regroupé au sein de PRESENCE TECHNOLOGIQUE RHONE-ALPES.

4. UN TOURISME DE 4 SAISONS

Grâce à la grande diversité de ses ressources naturelles et à la qualité de ses infrastructures de transport, Rhône-Alpes accueille en toutes saisons des touristes du monde entier :

- Rhône-Alpes est tout d'abord le plus grand domaine skiable équipé au monde : 220 stations de ski dont 6 pour le ski d'été, 2 200 remontées mécaniques offrant une capacité de 1,8 millions de skieurs/heure. Elle est la seule région organisatrice à 3 reprises des Jeux Olympiques d'hiver (Chamonix 1924, Grenoble 1968, Albertville 1992) ;

- la région natale de l'alpinisme, avec le mont Aiguille (première ascension de l'Histoire), le mont Blanc (premier sommet d'Europe, conquis par Balmat et Paccard), 35 sommets de plus de 3 500 mètres d'altitude.

- une région privilégiée pour le golf : plus de 20 parcours disséminés dans la région, dont certains prestigieux localisés autour du Mont-Blanc ;
- un tourisme de santé et de remise en forme avec 18 stations thermales et climatiques ;
- un tourisme de bords de lacs et de rivières : 35 000 hectares de plans d'eau et 2 500 kilomètres de fleuves, rivières et torrents ;
- des espaces propices aux randonnées (parcs nationaux de la Vanoise, des Ecrins, des Cévennes, parcs naturels du Vercors et du Pilat), à l'alpinisme (massif du Mont-Blanc) et à l'escalade ;
- un riche patrimoine culturel et un tourisme d'affaires et de congrès en plein essor ;
- sans oublier le tourisme gastronomique.

5. LA CULTURE

Les équipements

- Bibliothèques municipales : 113.
- Musées classés et contrôlés : 74.
- Conservatoire national supérieur de musique : 1.
- Conservatoires nationaux de région : 2.
- Ecoles nationales de musique : 6.
- Ecoles de musique : 120.
- Centres dramatiques nationaux : 5.
- Compagnies théâtrales : 140.
- Maison de la danse : 1.
- Centre chorégraphique national : 1.
- Compagnies chorégraphiques : 40.
- Centres d'action culturelle et maisons de la culture : 5.
- Centres culturels : 95.

Quelques festivals et manifestations

- Festival de musique à l'abbaye d'Ambronay (Ain).
- Montgolfiades européennes à Annonay, Festival des humoristes à Tournon, Festival de musique de Vals-les-Bains et du Vivarais (Ardèche).
- Corso fleuri et Olivades internationales de Nyons, Festival international Jean-Sébastien-Bach à Saint-Donat, Festival de musique de chambre au château de Grignan, Fête des vendanges à Tain-l'Hermitage (Drôme).
- Festival international du film d'humour à Chamrousse, Festival de jazz à Vienne, Festival de théâtre européen à Grenoble, Salon européen de la bande dessinée à Grenoble, Coupe Icare et Festival international du film de vol libre à Saint-Hilaire-du-Touvet, Festival international du film neige et glace à Autrans (Isère).
- Eté musical en Loire-Forez, Convention théâtrale européenne et Fête du Livre à Saint-Etienne, Festival des arts de la table à Roanne (Loire).
- Fête des conscrits à Villefranche-en-Beaujolais, les Pennons de Lyons, Festival Hector-Berlioz à Lyon et la Côte-Saint-André, Biennale de la danse à Lyon, Biennale d'art contemporain et Semaine du livre à Lyon (Rhône).
- Fête des fleurs à Aix-les-Bains, Festival d'aviation et d'astronautique à Méribel, Festival de musique et d'art baroque en Tarentaise, Salon du véhicule tout-terrain à Val-d'Isère, Festival international du film d'aventure vécue à La Plagne (Savoie).
- Festival du film fantastique à Avoriaz, Journées internationales du film d'aventures sportives à Annecy, Festival international de musique à Evian et à Flaine, Fête du lac à Annecy, Fête des guides à Chamonix-Mont Blanc, Festival du film italien à Annecy (Haute-Savoie).

Le tourisme : la "grande entreprise" de Rhône-Alpes

■ Un chiffre d'affaires estimé à 30 milliards de francs.

■ Avec 12 % de la population active, 220 000 emplois relèvent aujourd'hui directement du tourisme.

■ Avec 16 % du parc hôtelier national et la grande diversité de ses richesses et de ses atouts, Rhône-Alpes est la première région touristique de France (après Paris).

■ Première région d'accueil des touristes français, troisième pour les touristes étrangers (6 millions en 1987), le tourisme est l'une de nos toutes premières sources de rentrée de devises (12 milliards de francs de devises étrangères).

■ Quelque 40 000 entreprises, du complexe hôtelier au centre de vacances, au commerçant, artisan-dépanneur, chauffeur de taxi ou perchman.

■ 20 000 lits dans 6 500 établissements hôteliers.

■ 12 000 restaurants.

■ 800 terrains de camping.

Avec les 300 000 résidences secondaires, c'est une fantastique capacité d'hébergement de 2 millions de personnes.

Les villes de Rhône-Alpes

AIN - 01

■ Préfecture : Bourg-en-Bresse. ■ Sous-préfectures : Belley, Gex et Nantua.

■ Autres villes : Ambérieu-en-Bugey, Bellegarde-sur-Valserine, Culoz, Divonne-les-Bains, Ferney-Voltaire, Gex, Lagnieu, Meximieux, Montluel, Oyonnax, Trévoux.

ARDÈCHE - 07

■ Préfecture : Privas. ■ Sous-préfectures : Tournon, Largentière.

■ Autres villes : Annonay, Aubenas, Bourg-Saint-Andéol, La Voulte-sur-Rhône, Lamastre, Le Cheylard, Le Teil, Saint-Péray, Vals-les-Bains, Viviers.

DRÔME - 26

■ Préfecture : Valence, ■ Sous-préfectures : Die, Nyons.

■ Autres villes : Bourg-de-Péage, Chabeuil, Crest, Dieulefit, Donzère, Livron, Montélimar, Pierrelatte, Romans, Saint-Paul-Trois-Châteaux, Saint-Rambert-d'Albon, Saint-Vallier, Tain-l'Hermitage.

ISÈRE - 38

■ Préfecture : Grenoble. ■ Sous-préfectures : La Tour-du-Pin, Vienne.

■ Autres villes : Bourgoin-Jallieu, Echirolles, Fontaine, La Mure, Le Péage-de-Rousillon, L'Isle-d'Abeau, Meylan, Saint-Egrève, Saint-Marcellin, Saint-Martin-d'Hères, Villard-de-Lans, Vizille, Voiron.

LOIRE - 42

■ Préfecture : Saint-Etienne. ■ Sous-préfectures : Montbrison, Roanne.

■ Autres villes : Feurs, Firminy, La Ricamarie, Le Chambon-Feugerolles, Rive-de-Gier, Roche-la-Molière, Saint-Chamond.

RHÔNE - 69

■ Préfecture : Lyon. ■ Sous-préfecture : Villefranche-sur-Saône.

■ Autres villes : Bron, Décines, Ecully, Givors, Meyzieu, Rillieux-la-Pape, Saint-Fons, Saint-Genis-Laval, Saint-Priest, Tarare, Tassin-la-Demi-Lune, Vaulx-en-Velin, Vénissieux, Villeurbanne.

SAVOIE - 73

■ Préfecture : Chambéry. ■ Sous-préfectures : Albertville, Saint-Jean-de-Maurienne.

■ Autres villes : Aix-les-Bains, Bourg-Saint-Maurice, Modane, Montmélian, Moûtiers, Ugine.

HAUTE-SAVOIE - 74

■ Préfecture : Annecy. ■ Sous-préfectures : Saint-Julien-en-Genevois, Thonon-les-Bains.

■ Autres villes : Annemasse, Bonneville, Chamonix-Mont-Blanc, Cluses, Evian-les-Bains, La Roche-sur-Foron, Megève, Passy, Rumilly, Sallanches, Thones.

Bernard PIVOT

Bien qu'il ait fait toute sa carrière à Paris, créant "Apostrophes", animant cette émission de 1975 à 1990 et devenant, malgré lui, l'arbitre des lettres, Bernard Pivot est très lié à la région Rhône-Alpes. Il est né à Lyon en 1935 ; il a fait ses débuts de journaliste à la locale de Saône-et-Loire du "Progrès" de Lyon ; il n'aime rien tant que de revenir dans son village adoptif de Quincié-en-Beaujolais. C'est là qu'il se sent le plus chez lui, dans sa solide maison, parmi le moutonnement des collines couvertes de vignes.

Roberto NEUMILLER

Roberto Neumiller, né à Tours en 1950, a exercé divers métiers dès l'âge de treize ans et demi avant de devenir photographe professionnel à vingt-cinq ans. Il a déjà publié six livres de photos : *''Carnets de bistrots''*, *''Voyage''* (sur la vie des Tsiganes), *''Le Livre du Vercors''*, *''Grenoble''*, *''Portraits''* (figures de Grenoble) et un premier *''Rhône-Alpes''*, tous parus chez Glénat. Il est également peintre : une de ses œuvres se trouve au Musée de Lausanne. Passionné de reportage, il n'est pas seulement un observateur : il est un poète de l'objectif.

Paul DREYFUS

Paul Dreyfus, qui est né dans le Nord de la France en 1923, se considère comme rhônalpin : ses premières armes de journaliste, il les a faites, dès 1946, à la rédaction parisienne du ''Progrès'' de Lyon avant de venir, en 1955, s'établir à Grenoble, qu'il n'a plus quitté. Sauf pour parcourir le monde, durant trente-trois ans, comme grand reporter au *''Dauphiné Libéré''*. Il est l'auteur de vingt-cinq livres : histoire, essais, récits de voyages, biographies. Plusieurs d'entre eux sont consacrés à Grenoble, au Dauphiné, à la Résistance dans la région.

Crédits photo :
Couverture : G. KOSICKI.
Photo B. PIVOT : LIRE ; photo R. NEUMILLER : P. BESSARD.
p.79 : Park Hôtel ; p.116 : Musée dauphinois ; pp.130/131 : musée de Peinture, Grenoble.
p.135 : Musée historique des tissus, studio BASSET, Lyon ; p.139 : CRT, Grenoble.
Direction artistique : J.-M. BOUDOU.

Achevé d'imprimer en octobre 1990.
Sur les presses de l'imprimerie du Néron pour la partie en quadrichromie
et de l'imprimerie Tardy-Quercy pour la partie textes et similis.
Dépôt légal : novembre 1990.